우리의 마음은 무엇에
지배되어야 하는가

네비게이토 선교회는
국제적이며 복음적인 기독교 기관이다.
예수 그리스도께서는 자기를 따르는 자들에게
"너희는 가서 모든 족속으로 제자를 삼으라"
(마태복음 28:19)는 지상사명을 주셨다.
네비게이토 선교회는 세계 모든 국가에서
예수 그리스도의 일꾼들을 배가시켜
이 지상사명의 성취를 돕는 것을
근본 목표로 하고 있다.

네비게이토 출판사는
네비게이토 선교회의 문서 선교를 담당하고 있다.
본 출판사에서는 그리스도인의 영적 성장을 돕는
서적과 자료들을 출판하여,
그리스도인의 삶의 기초가 견고한
헌신된 제자로 성장하게 하고,
나아가 성숙한 인격과 지도력을 갖춘
일꾼이 되도록 돕고 있다.

우리의 마음은 무엇에 지배되어야 하는가

하 진 승

TO KNOW CHRIST AND TO MAKE HIM KNOWN

차 례

제I부 우리의 마음을 지배하는 것 7

   1. 쾌 락 9

   2. 인 기 17

   3. 재 물(소유욕) 29

   4. 세상 철학 41

   5. 권 력 53

   6. 야 망 61

제II부 우리의 마음은 무엇에 지배되어야 하는가 67

   1. 영원하신 주님 69

   2. 영원한 하늘나라 81

   3. 영원한 말씀 93

   4. 많은 사람을 옳은 데로 돌아오게 하는 삶 103

부록 : V Hand 예화 115

제 I 부
우리의 마음을 지배하는 것

모든 사람은 그 마음에 무엇인가 자기 자신을 지배하는 존재 가치가 있다고 생각합니다. 또 그것에 의해 삶의 목표와 방향이 좌우되곤 합니다.

> 이는 내게 사는 것이 그리스도니 죽는 것도 유익함이니라. (빌립보서 1:21)

사도 바울은 '이는 내게 사는 것이' 즉 자기 마음속 중심에 자기를 지배하고 있는 그 무엇이 있는데 그것은 바로 '그리스도'라고 하였습니다. 그래서 바울은 그리스도께서 원하시고 기뻐하시는 길을 따라가는 삶을 충성스럽게 살았습니다.

우리 각자에게도 자기 속에 무엇인가가 자기를 지금까지 지배하고 있는 것이 있다는 것을 생각하면서 이에 관하여 살펴보고자 합니다.

1
쾌 락

사람들 중에는 그 마음의 중심에서 그를 지배하고 있는 것이 바로 쾌락인 사람들이 있습니다. 그들에게는 쾌락이 가장 매력적이고 쾌락에 지배되어 이끌려 갑니다. 한마디로 그들은 쾌락을 위해서 살고 있습니다.

> 그 후 며칠이 못 되어 둘째 아들이 재물을 다 모아 가지고 먼 나라에 가 거기서 허랑방탕하여 그 재산을 허비하더니. (누가복음 15:13)

성경에 나오는 유명한 비유들 중 하나인 탕자 이야기의 한 구절입니다. 그는 한 집안의 둘째 아들로 태어나서 성장하면서 쾌락에 대한 관심이 아주 많았습니다. 그 탕자의 마음을 지배하고 있는 것은 바로 쾌락이고, 쾌락이 바로 그에게는 마음의 주인이었습니다. 그는 아버지로부터 물려받은 모든 재물을 가지고 아무도 의식하지 않고 자유롭게 쾌락을 즐길 수 있는 먼 나라로 가서 '허랑방탕하여' 그 재산을 다 허비했다고 하였습니다. 그만큼 쾌락에 모든 관심이 쏠려 있었고, 쾌락이 그의 온 마음을 지배하고 이끌어 갔습니다.

그런데 우리는 이런 모든 세속적인 쾌락이 하나님으로부터 제공되는 것이 아니라 세상으로부터 제공된다는 것을 알아야 합니다.

> 청년이여, 네 어린 때를 즐거워하며 네 청년의 날을 마음에 기뻐하여 마음에 원하는 길과 네 눈이 보는 대로 좇아 행하라. (전도서 11:9상)

언뜻 들으면 이 말씀이 하나님께서 그렇게 쾌락을 위해 마음 가는 대로 살아 보기를 권장하시는 말씀 같습니다. 그러나 이 구절을 주의해서 끝까지 읽어 보면 바로 뒷부분의 말씀을 강조하시기 위해서 이런 말씀을 하신 것을 알게 됩니다. '청년들아, 네가 원하는 대로, 눈에 보이는 대로, 한마디로 네 마음대로, 그것이 욕망이든 쾌락이든 그것을 위해서 살아 보라'고 말씀하신 후, 그 다음에 경고의 말씀을 하고 계십니다. 그러므로 그 다음에 하신 말씀이 무엇인지 주의하지 않으면 안 됩니다.

> 그러나 하나님이 이 모든 일로 인하여 너를 심판하실
> 줄 알라. (전도서 11:9하)

사람들은 쾌락을 위해서라면 어떻게 해서라도 기회를 만들어 그 쾌락을 좇아 마음껏 살아 보려는 욕망이 있지만, 하나님께서는 그것에 대해 반드시 심판하신다고 분명하게 말씀하고 있습니다.

> 믿음으로 모세는 장성하여 바로의 공주의 아들이라
> 칭함을 거절하고, 도리어 하나님의 백성과 함께 고
> 난받기를 잠시 죄악의 낙을 누리는 것보다 더 좋아하
> 고. (히브리서 11:24-25)

이 말씀은 모세에 대하여 기록한 내용입니다. 모세는 쾌락을 마음껏 누리며 살 수도 있는 여건들을 갖추고 있는 사람이었지만, 오히려 잠시 죄악의 낙을 누리는 것보다는 하나님의 백성과 함께 고난받기를 선택했으며 또 그것을 더 좋아했습니다. 모세는 세상의 일시적인 쾌락보다는 영원한 하늘나라

에서 받아 누릴 복된 삶의 가치를 내다보면서, 비록 헌신으로 인하여 이 세상에서는 고통을 받더라도 죄악 된 세상의 쾌락을 버리고 하나님 편을 선택한 것입니다.

대개의 사람들은 없는 기회를 억지로 만들어서라도 쾌락을 즐기려고 합니다. 그러나 모세는 자기가 바로의 공주의 아들 즉 애굽 왕국의 왕족으로서 당연히 세상에서 누릴 수 있는 특권과 기회도 가차 없이 버리고 하나님의 약속이 있는 이스라엘 백성과 함께하는 하나님의 종으로 사는 쪽을 택하였습니다. 그는 자기가 당장에 누릴 수 있는 세상의 어떤 영화로운 것보다 더 가치 있는 영원한 것이 자기 마음을 지배하도록 선택하는 결정을 한 것입니다.

우리가 그리스도인이 된 후에까지도, 세상은 슬그머니 우리 자신도 모르는 사이에 우리 마음을 세속적인 쾌락으로 지배하기 위해 순간순간 기회와 틈만 있으면 죄악의 낙을 제시하며 우리를 유혹하는 것을 봅니다. 하지만 우리는 이런 것에 좌우되지 않고, 또 지배되지 않도록 단호히 자신을 지켜야 합니다. 일시적인 것에 불과한 허무한 세속적 쾌락을 용기 있게 박차 버리고 모세처럼 더 좋은 영원한 것을 선택할 줄 아는 지혜와 분별력이 있어야 합니다.

누가복음 8:14에서, 예수님께서 말씀하신 씨 뿌리는 자의 비유에 나오는, 가시떨기에 떨어진 씨처럼 '말씀을 들으나 이생의 염려와 재리와 일락에 기운이 막혀 온전히 결실치 못하는 자'와 같이 되지 말아야 합니다. 디모데전서 5:6의 "일락을 좋아하는 이는 살았으나 죽었느니라" 하신 말씀을 기억하고, 우리도 모세가 그랬던 것처럼 영원한 가치가 나의 마음을 지배함에 따라 살아가고, 또한 사도 바울처럼 우리도 "내게 사는 것이 그리스도니…"라고 선언할 수 있는 믿음을 가지고 살아야겠습니다. 세속적 쾌락의 유혹에서 승리하기 위해서 우리 그리스도인들은 자신의 일생에 대한 결심도 해야 하지만, 또한 매일 매순간 쾌락의 유혹을 거절하는 믿음의 용단이 필요한 것입니다.

골로새서 4:14과 빌레몬서 1:24에 보면 데마라는 이름이 나오는데, 이때까지만 해도 그는 바울과 함께 복음을 위하여 희생적으로 헌신한 바울의 동역자였습니다. 그가 모든 고난을 참고 오직 복음을 위해 끝까지 살았다면 그의 이름도 디모데, 디도, 누가 등과 같이 우리에게 교훈과 모범과 존경의 인물로 기억이 될 수 있는 사람이었습니다. 그러나 디모데후서 4:10에 보면, "데마는 이 세상을 사랑하여 나를 버리고 데살로니가로 갔고"라고 기록되어 있습니다. 그는 이런 슬픈 기록을 남기고 모든 영원한 축복을 버리고 떠나가 버렸습니다. "이 세상을 사랑하여"라고 했는데, 여기 '세상'이라는 말에는 세상적인 많은 것들이 있겠지만 그 대표적인 유혹이 쾌락이었을 것입니다.

일시적인 쾌락의 유혹에 넘어갈 때 영원한 가치들을 잃게 된다는 것을 항상 기억하며 우리도 시험에 들지 않게 깨어 기도해야 합니다(마가복음 14:38, 베드로전서 5:8, 데살로니가전서 5:6). 또한 매일 피차 권면하여 죄의 유혹으로 강퍅케 되지 않도록(히브리서 3:13) 서로 도와주는 그리스도인들의 교제를 부지런히 지속해야 할 것입니다.

디모데후서 3:1에 보면, "네가 이것을 알라. 말세에 고통하는 때가 이르리니"라고 말씀하셨는데, 그 대표적인 상태 중의 하나는 곧 4절 뒷부분에 나오는바, '쾌락을 사랑하기를 하나님 사랑하는 것보다 더하는' 것입니다. 이러한 상태에 들어가는 것은 무서운 일입니다. 이런 유혹이 있을 때 우리는 5절 말씀처럼 단호하게 이 같은 자들에게서 돌아서야 하는 것입니다.

그렇게 용기 있게 돌아설 때 때때로 축복이 즉시로 넘치는 것보다 12절 말씀과 같이 오히려 "무릇 그리스도 예수 안에서 경건하게 살고자 하는 자는 핍박을" 받게 되는 경우가 많습니다. 그러나 "의인은 고난이 많으나 여호와께서 그 모든 고난에서 건지시는도다"(시편 34:19) 하신 말씀을 끝까지 믿고 승리해야 합니다.

2
인 기

> 저희가 모였을 때에 빌라도가 물어 가로되, "너희는 내가 누구를 너희에게 놓아주기를 원하느냐? 바라바냐, 그리스도라 하는 예수냐?" 하니. (마태복음 27:17)

이 말씀에 나오는 빌라도 총독에 대하여 대부분의 그리스도인들은 잘 알고 있을 것입니다. 그의 마음을 지배하고 있는 것은 사람들에게 인기를 얻는 것이었습니다. 빌라도뿐만 아니라 많은 통치자들이 일반적으로 대중들의 비위를 맞춰 줌으로 그들로부터 인기를 얻는 것에 관심이 많습니다.

이 구절 앞의 16절에 보면, "그때에 바라바라 하는 유명한 죄수가 있는데"라는 배경 설명이 나옵니다. 그 당시에 명절에는 죄수 중에 한 사람을 놓아주는 전례가 있었는데, 그에 따라 빌라도는 백성들에게 누구를 놓아주기를 원하느냐고 물어보았습니다. 놓아줄 대상으로 거론되는 죄수 중 한 분은 예수님이시고, 다른 한 사람은 당시에 백성들 사이에 잘 알려진 바라바라고 하는 죄수였습니다. 빌라도는 그 직전에 예수님께서 죄가 없으시다는 것을 확인하여 이미 알고 있었습니다(요한복음 18:38-39, 19:4,6,12). 그러므로 예수님을 놓아주는 것이 당연한데도 불구하고, 그는 군중을 의식하고 그들의 감정에 관심이 쏠려 있었으며, 결국 군중들의 요구에 따라 결정하여 그들로부터 인기를 얻고자 했습니다.

빌라도는 통치자로서 정의보다는 군중들의 반응과 인기에 민감한 관심을 가지고 그들에게 물어보았던 것입니다. "총독이 대답하여 가로되, '둘 중에 누구를 너희에게 놓아주기를 원하느냐?'"(마태복음 27:21상). 그러자 사람들이 다 "바라바로소이다"(21절하)라고 대답하였습니다. 이에 대하여 마가복음 말씀에서는 이렇게 요약하고 있습니다.

> 빌라도가 무리에게 만족을 주고자 하여 바라바는 놓아주고 예수는 채찍질하고 십자가에 못 박히게 넘겨주니라. (마가복음 15:15)

죄인인 바라바(마가복음 15:7, 사도행전 3:14)는 놓아주고 죄 없으신 예수님을 채찍질하고 십자가에 못 박게 넘겨주었는데, 여기서 빌라도는 무리에게 만족을 주고자 하여 그렇게 했다고 기록되어 있습니다. 빌라도가 재판 자리에 앉아 있을 때에 그의 아내가 사람을 보내어 충고를 했었으나 별 영향을 주지 못했었습니다(마태복음 27:19). 무리의 반응을 의식하고 무리에게로부터 오는 인기를 얻길 원한 빌라도의 결정이 하나님 앞에 얼마나 엄청난 죄를 지은 것인지를 당시에는 의식조차 하지 못한 것 같습니다. 이와 같이 인기의 관심은 우리의 판단을 마비시킨다는 사실을 명심하며 살아야 합니다.

사람들의 인기를 좇아 행한 또 하나의 예는 사도행전에 나오는 헤롯왕입니다.

> 헤롯이 두로와 시돈 사람들을 대단히 노여워하나, 저희 지방이 왕국에서 나는 양식을 쓰는 고로 일심으로 그에게 나아와 왕의 침소 맡은 신하 블라스도를 친하여 화목하기를 청한지라, 헤롯이 날을 택하여 왕복을 입고 위에 앉아 백성을 효유한대, 백성들이 크게 부르되 "이것은 신의 소리요, 사람의 소리는 아니라" 하거늘, 헤롯이 영광을 하나님께로 돌리지

아니하는 고로 주의 사자가 곧 치니 충이 먹어 죽으니라. (사도행전 12:20-23)

헤롯은 두로라는 성읍과 시돈이라는 곳에 사는 사람들을 매우 싫어했습니다. 그곳에 사는 사람들은 헤롯왕이 자기들에게 호의적이지 않음에도 불구하고 어쩔 수 없이 헤롯왕의 영토인 갈릴리에서 나오는 식량을 사다 먹고 있었습니다. 이에 관한 배경 내용은 열왕기상 5:1-12에 상세히 설명되어 있습니다.

그래서 그곳 사람들에게는 자신들에게 시급한 식량 문제로 인하여 헤롯왕에게 어떻게 하면 잘 보여서 좋은 관계 가운데서 식량을 잘 공급받느냐 하는 것이 중대한 문제였습니다. 그런데 어느 날 헤롯이 대중 앞에서 연설을 하게 되었는데, 그의 연설을 듣고 그들은 "이것은 신의 소리요, 사람의 소리는 아니라!"라고 극찬을 하면서 헤롯의 마음을 흔들어 놓았습니다.

그런데 헤롯은 사람들이 자기의 연설에 대하여 사람의 소리가 아니고 감히 신의 소리 즉 하나님의 소리라고 극찬하는 말을 들었을 때에, 그 영광을 자기가 받는 것을 거절해야 하는데 그것을 아주 즐거워했습니다. 자기를 하나님처럼 높여 주는 사람들의 환호와 인기를 너무나도 좋아한 것입니다. 그럴 때 어떤 일이 일어났습니까? 하나님께서 민첩하게 훈련된 특공대를 보내셔서 그들에 의해 죽었다면 사람들에게 인기와 영광을 받던 그로서는 덜 부끄러웠을 텐데, 주님의 사자가 그를 쳤을 때 순식간에 그의 몸을 충이 먹어 버려서 그는 가장 부끄럽고 망신스럽게 죽고 말았던 것입니다.

사람들에게 인기와 영광을 받기를 좋아하던 헤롯의 최후는 이렇게 되었으나, 24절 말씀에 보면 하나님의 말씀은 경건하고 겸손한 그리스도인들을 통하여 더욱더 흥왕하여 퍼져 나갔습니다.

그런데 이렇게 빌라도나 헤롯만 사람의 인기에 관심이 집중되어 있었던 것이 아니라 세상 사람들 누구에게나 그런 것이 있을 수 있습니다. 우리 속에도 사람들의 인기를 얻는 것에 대한 끈질긴 관심이 도사리고 있는 것입니다. 자기가 인기를 얻을 만한 어떤 일을 했는데 사람들의 반응이 별로 좋지 않으면 매우 실망을 하게 되거나 화가 나게 되는 것은 우리에게 바로 그런 마음이 있기 때문입니다.

사무엘상 15:3에 보면 사울왕에게 사무엘 선지자가 하나님의 명령을 전한 내용이 나옵니다. "지금 가서 아말렉을 쳐서 그들의 모든 소유를 남기지 말고 진멸하되 남녀와 소아와 젖 먹는 아이와 우양과 약대와 나귀를 죽이라 하셨나이다." 이렇게 철저하게 아말렉을 진멸하라고 명하신 것은 과거에 이스라엘이 애굽에서 나올 때 길에서 아말렉이 대적한 일과(2절), 그 죄와 연관하여 그때에 하나님께서 약속하신 내용(출애굽기 17:14-16)을 사울을 통해 이루시고자 하신 것입니다.

이 싸움에서 사울은 대승을 하였으나, 돌아올 때 모든 것을 하나님의 명령대로 진멸하고 빈손으로 돌아오지 않았습니다. 그는 아말렉왕 아각을 포로로 잡고, 양과 소의 가장 좋은 것 또는 기름진 것과 어린양과 모든 좋은 것은 남기고 진멸키를 즐겨 아니하고, 가치 없고 낮은 것은 진멸했습니다(9절). 또한 그는 아말렉과의 승전을 기념하여 자기 공적을 드러내려는 인기에 대한 관심이 커서 기념비를 세웠습니다(12절).

사울이 사무엘을 만났을 때 의기양양하여 "원컨대 당신은 여호와께 복을 받으소서. 내가 여호와의 명령을 행하였나이다"(13절)라고 말했습니다. 사울은 싸움에서 승리한 것만이 여호와의 명령을 행한 것으로 착각하고 있었습니다. 하나님께서 명령하신 대로 모든 것을 진멸해야 하는데 그렇게 하지 않은 것에 대해 사무엘에게 질책과 지적을 받을 때에(18-19

절), 사울은 "나는 실로 여호와의 목소리를 청종하여 여호와께서 보내신 길로 가서 아말렉왕 아각을 끌어왔고 아말렉 사람을 진멸하였으나, 다만… 가장 좋은 것으로 길갈에서 당신의 하나님 여호와께 제사하려고 양과 소를 취하였나이다"(20-21절)라고 변명을 했습니다.

사울이 왕으로서 싸움에서 대승을 했으나, 다 진멸해 버리고 빈손으로 돌아오면, 자신이 이스라엘 백성들 앞에서 대승을 거둔 영광스러운 왕같이 보이는 것보다, 피범벅과 먼지로 뒤덮인 옷과 피곤에 지친 얼굴 등이 마치 죽기 직전의 초라한 모습의 패잔병같이 보이는 것이 그는 몹시 싫었을 것입니다. 기념비까지 세운 그의 성향으로 미루어 볼 때 그는 승리한 왕의 위풍당당한 모습과 그 인기를 누리기를 원했던 것이 틀림없는 것 같습니다. 적군의 왕을 포로로 잡아 앞세우고, 값지고 좋은 전리품으로 질 좋은 가축들을 끌어올 때, 백성들의 환호와 우레와 같은 갈채를 받아야 그 인기로 말미암아 앞으로의 그의 왕권이 더욱 견고해질 것이라 생각했을 것입니다.

그러나 이런 인기에 대한 잘못된 관심 때문에, 23절에 보면, "왕이 여호와의 말씀을 버렸으므로 여호와께서도 왕을 버려 왕이 되지 못하게 하셨나이다"라는 앞으로의 비참한 결과에 대한 말씀을 듣게 되었습니다.

또 사무엘상 18:6-9에서 백성들이 사울왕을 환영하러 나왔을 때, "사울의 죽인 자는 천천이요 다윗은 만만이로다"라고 여인들이 뛰놀며 창화하는 말을 듣고, 사울이 매우 불쾌하여 심히 노했다고 기록되어 있습니다. 이때부터 사울은 다윗을 주목하여 보고 그를 시기하고 미워하여 죽이려고까지 하는 극단으로 타락된 삶으로 전환되어 버렸습니다.

우리는 순간순간 사람들의 우리 자신에 대한 반응에 민감합니다. 그러나 사울처럼 사람을 의식하며 살다가 갈수록 헤어나기 어려운 죄에 빠지지 말고, "여호와의 눈은 온 땅을 두루 감찰하사 전심으로 자기에게 향하는 자를 위하여 능력을 베푸시나니…"(역대하 16:9)라고 하신 말씀을 믿고, 나를 가장 정확하게 그리고 항상 감찰하시는 여호와 하나님의 눈을 의식하며 말씀에 따라 순종하는 삶을 살아가야겠습니다.

사람들이 다윗을 사울 자신보다 더 자랑스럽게 창화하는 소리를 들었을 때, '그래 맞는 판단이야. 골리앗이 나타나서 나는 속수무책으로 쩔쩔매고 있을 때, 다윗이 나타나 그를 물리침으로 나와 백성들로 승리하게 해 주었고(사무엘상

17:1-11,41-54), 또 내가 그를 보내는 곳마다 가서 블레셋을 쳐서 승리하고 돌아왔으니(사무엘상 18:5-6) 당연히 다윗을 높여야지!' 하며 겸손히 인정했다면, 그의 미래가 그처럼 어둡고 비참한 방향으로 전환되지는 않았을 것입니다. 이런 사건이 있을 때 마음과 생각이 하나님을 주목해야 하나님의 축복을 받게 되는데, 오히려 사울은 시기심과 분노로 가득한 마음으로 다윗을 주목하였습니다(사무엘상 18:9). 시기심으로 사람을 주목하면 할수록 미운 마음과 그를 해치려는 악한 생각들이 떠오르게 되는 것입니다. 그래서 사울은 갈수록 더 죄악을 범하는 어둠의 길로 자기 인생을 밀어 넣게 된 것입니다.

마태복음 6:1 말씀에서처럼, 우리가 어떤 의로운 일을 행할 때라도 "사람에게 보이려고" 하거나, 또 5절에서처럼 기도할 때도 "사람에게 보이려고" 하거나, 또 16절에서처럼 어떤 필요 때문에 금식을 할 때에도 "사람에게 보이려고" 하는 것은 결과가 축복이 되지 않는 것입니다. 마태복음 23:5부터 보면, 예수님께서 제자들에게 당시의 서기관들과 바리새인들이 "사람에게 보이고자 하여" 거짓된 외식을 행하던 잘못을 예리하게 지적하시며 교훈하신 말씀들을 읽을 수 있습니다.

사람을 주목하고 그들의 반응에 민감하며 인기에 관심이 매여 있지 말고, 하나님을 주목하며 살아야 합니다. 세상에서는 인기 없는 사람이 되어도, 하나님께서 인정하는 사람이 되고자 하는 믿음의 삶을 산 다윗처럼, 우리는 하나님과의 친밀한 관계에 초점을 맞추고 살아야 하는 것입니다. 사람들의 반응에 주목하여 살다 보면 어쩌다 인기를 잠시 얻게 되다가도, 결국은 "분노가 미련한 자를 죽이고 시기가 어리석은 자를 멸하느니라"(욥기 5:2)는 비참한 경험을 하게 되는 것입니다.

잠언 14:30에도 "시기는 뼈의 썩음이니라"고 하였는데, 사람의 반응에 주목하고 인기에 연연하다 보면 이 말씀대로 되는 것을 경험하게 됩니다. 사도행전 5:17-18에서, 당시에 유대인 종교 지도자들의 눈에 보잘것없이 보이는 그리스도인들이 엄청난 능력으로 복음을 전하고 수많은 사람들이 이 축복을 누리고 따르는 것을 보자, 대제사장과 사두개인의 당파가 다 마음에 시기가 가득하여 사도들을 잡아다가 옥에 가두는 죄를 범하는 것을 봅니다. 그들은 당시의 종교 지도자들이었으나 하나님을 주목하며 살지 않고, 백성들의 반응에 주목하고 삶으로 하나님 앞에서 이런 잘못을 범하였던 것입니다.

사람들의 반응에 주목하지 말고, "주를 바라는 자는 수치를 당하지 아니하려니와…"(시편 25:3)라고 하신 말씀과 같이, 오직 주님을 주목하며 살 때 사람들의 반응 때문에 우리 마음이 흔들리지 않고 말씀의 정로를 따라 살게 되며 그 축복을 누리게 되는 것입니다(히브리서 12:2, 미가 7:7, 시편 42:5).

3
재 물(소유욕)

재물에 대한 욕심, 그 소유욕이 자기를 지배하고 있어 그 종이 되어 버린 경우들도 있습니다. 우리 주위에도 소유물이 자기의 지배자가 되는 사람들을 얼마든지 찾아볼 수 있습니다. 예수님께서 이에 대하여 한 비유를 들어서 말씀하신 적이 있습니다. 누가복음 12:16 이후에 나오는 이야기입니다. 한 부자가 있었는데 그는 굉장히 지혜로운 것 같았지만, 하나님께서는 그를 어리석다고 하셨습니다.

> 또 비유로 저희에게 일러 가라사대, "한 부자가 그 밭에 소출이 풍성하매 심중에 생각하여 가로되, '내가 곡식 쌓아 둘 곳이 없으니 어찌할꼬?' 하고." (누가복음 12:16-17)

그가 농사를 지었는데 어느 해에 풍년이 들어 아주 소출이 많아서 쌓아 둘 곳이 없을 정도가 되었습니다. 그는 이것을 어떻게 할까 생각을 하다가 곳간을 더 크게 짓고, 그 곳간에 넘치도록 쌓아 두고는 스스로 말했습니다.

내가 내 영혼에게 이르되, '영혼아, 여러 해 쓸 물건을 많이 쌓아 두었으니 평안히 쉬고 먹고 마시고 즐거워하자.' (19절)

그는 자신의 소유욕을 채우기 위해서는 매우 주도면밀하였지만, 그에 대한 이야기 어디에도 그 풍성한 소출에 대해 그가 하나님께 감사하는 표현이나 자기 농사를 도와준 일꾼들에게 감사의 표시를 한 기록을 전혀 찾아볼 수가 없습니다. 오직 자기를 위한 생각과 소유물에 대한 계획만이 그의 모든 관심이었습니다. 그는 일 년 동안만이 아니고 여러 해 동안 충분히 쓰고도 남는 그런 곡식을 큰 곳간을 짓고 쌓아 두었으니까, '이제부터는 평안히 쉬자. 먹고 마시자. 즐거워하자' 하고 자기의 미래에 대해서 이런 전망을 하며 계획을 세웠습니다. 가득 쌓인 자기 소유물에 대한 만족감, 그것을 의지하는 마음이 자기를 지배하게 된 것입니다. 풍성한 소출과 소유물을 관리하고 미래를 대비하여 스스로 심중에 계획을 세운 것이 매우 자연스럽고 정당하게 보일 수 있습니다. 이렇게 그는 농사만 잘 짓는 사람이 아니라 그 관리 능력도 뛰어난 참 지혜로운 사람같이 보였지만, 하나님께서는 다르게 평가하셨습니다.

하나님은 이르시되, "어리석은 자여, 오늘 밤에 네 영혼을 도로 찾으리니, 그러면 네 예비한 것이 뉘 것이 되겠느냐?" 하셨으니. (20절)

먼저 하나님께서는 그를 '어리석은 자'라고 하셨습니다. 그리고 이어 하나님께서 하신 말씀이, 오늘 밤에 그 곡식이 다 도둑맞게 된다든지, 다 벌레 먹게 된다든지, 또는 부패하게 된다든지, 이런 말씀을 하신 것이 아니라, 아주 특이한 말씀을 하셨습니다. "오늘 밤에 네 영혼을 도로 찾으리니", 즉 "오늘 밤 네가 죽을 것이다. 그러면 네 예비한 것이 뉘 것이 되겠느냐?" 하고 반문하셨습니다.

이 부자가 많은 곡식을 수년을 쌓아 두어도 부패하지도 않고 벌레도 먹지 않도록 창고를 아무리 과학적으로 치밀하게 그리고 그 규모도 거대하고 튼튼하게 잘 짓고, 도둑이 절대 훔쳐 갈 수 없게 잠금장치도 잘 만들고, 또 창고에 곡식을 아주 체계 있게 잘 쌓아 두었다 하더라도, 하나님께서 그 곡식이 아니라 그 사람의 영혼을 도로 찾아가 버리시면,

그 모든 것이 소용없다는 것입니다.

우리도 "네가 가지고 있는 것이 누구의 것이 되겠느냐?" 하신 주님의 질문을 자주 생각해 보는 지혜가 필요합니다. '내가 지금 가진 이런 것 저런 것이 누구의 것이 되겠는가?' 자기를 위해 쌓아 두고 하나님을 위해서는 부요치 못한 사람의 어리석음에 대하여 예수님께서 비유로 말씀하신 교훈입니다.

> **어리석은 자의 퇴보는 자기를 죽이며, 미련한 자의 안일은 자기를 멸망시키려니와. (잠언 1:32)**

어리석은 자의 퇴보란 하나님의 사랑을 등지며 영적인 제안을 듣지 않고 거부하는 교만과 고집불통 가운데 떠나가는 것을 말하고 있습니다. 올바른 영적 제안이나 권면을 받지 않고 자기 고집대로 사는 것이 바로 인생의 퇴보입니다. 우리 중에 매우 똑똑하게 보이고 처세술이 약삭빨라서 잘살고 있는 것같이 보이며, 매우 빠른 속도로 발전하는 것처럼 보이고, 힘든 세상에서 수월하게 성공하는 것처럼 보이지만, 믿음의 삶에서 발전하고 있지 않으면 실제로 그 사람은 어리석은 자로서 퇴보하고 있는 것입니다. 이 부자가 바로 그런 사람이었습니다.

이 사람은 부지런하고 지혜롭게 농사를 잘 지어서 풍년이 들고 곡식을 엄청나게 많이 쌓아 놓았지만, 하나님께서는 그를 칭찬하신 것이 아니라 어리석다고 하셨습니다. 이렇게 '미련한 자의 안일은 자기를 멸망시킨다'(잠언 1:32하)고 하였는데, 이 사람의 안일이란 무엇입니까? 바로 그날 밤에 그의 생명이 어떻게 될 줄을 모르고 '많이 쌓아 두었으니 먹고, 마시고, 평안히 쉬고, 즐거워하면서 인생을 즐기자' 하는 자기만족과 풍족감에 빠져 있는 것이 안일입니다. 이렇게 세속적 번창함 속에서 어리석은 자가 되어 올바른 분별력 없이 자기만족에 빠져 살면, 이 잠언 말씀과 같이 '자기를 멸망시키게' 되는 것입니다.

우리 주위에 많은 사람들이 대박을 꿈꾸고 있습니다. '이 부동산을 사 두면 대박이 날 거야! 내가 이 주식을 사면 엄청난 수익이 날 거야!' 이런저런 꿈을 꾸고 있는 사람들이 많지 않습니까?

그러나 우리가 자기 소유물에 대한 만족에 집착하고 그 소유욕이 자신을 지배하고 있으면, 그것은 결국 그 어리석은 고집으로 말미암아 자기 인생의 퇴보가 되고, 그토록 오랫동안 누릴 줄로 생각했던 그 안일은 결국 자기를 멸망시키는 것이 된다는 것을 우리는 이 말씀을 통해 배워야 합니다.

그래서 소유욕에 집착하는 마음을 비우고 경건한 영적 충고를 잘 받음으로 퇴보하지 말아야 하며, 자기만족의 안일함에 빠져 있지 않음으로 멸망에 이르지 않는 지혜가 우리에게 필요합니다.

대저 재물은 영영히 있지 못하나니 면류관이 어찌 대대에 있으랴? (잠언 27:24)

많은 사람들이 그렇게도 가치 있게 생각하므로 그들의 마음을 온통 지배해 왔던 그 재물은 "영영히 있지 못하나니" 즉 영원한 것이 아니라고 말씀하고 있습니다. 잠시 있는 것입니다. 일시적인 것인데 영원한 것처럼 보이고, 또한 이것이 몹시 우리에게 절박한 필요로 보이고, 이것만 있으면 모든 것을 가능하게 할 수 있는 것처럼 매력 있게 보이므로 그 속에 깊이 빠져 살다가, 결국에는 내가 재물을 지배하고 있는 것이 아니라 재물이 나를 지배하게 되어 재물의 종이 되어 버릴 수 있는 것입니다. 이렇게 재물에 대한 소유욕이 나를 지배하여 나로 하여금 자신을 멸망케 하는 어리석은 자가 되지 않도록 자신을 잘 지켜야 하겠습니다.

마가복음 10:17-22에 한 사람이 예수님께 찾아와서 매우 중요한 질문을 했습니다. 그는 질문하기 위해 예수님께 접근

하는 태도도 매우 겸손하였습니다. 17절에 보면, 그는 예수님께 "달려와서" 또한 무릎을 "꿇어앉아" 질문을 했습니다. 그리고 "선한 선생님이여"라고 예의 있게 말을 시작했습니다. 그리고 한 가지 진지한 질문을 했습니다. "내가 무엇을 하여야 영생을 얻으리이까?" 이 질문은 전도하는 사람의 입장에서는 가장 반가운 것이었습니다.

그와의 대화 내용을 보면 그는 장점이 참 많은 사람임을 발견하게 됩니다. 예수님과 계명에 관한 이야기를 할 때, 그는 "내가 어려서부터 다 지키었나이다"(20절)라고 대답했습니다. 하나님 앞에서는 당연히 온전치 못했겠지만 자기 나름대로는 매우 성실하게 계명을 어릴 때부터 지켜 왔다고 한 것입니다. 그의 대답을 들으신 예수님께서 "그를 보시고 사랑하사"(21절)라고 기록된 것을 보면, 예수님께서는 그의 계명에 대한, 어릴 때부터의 성실한 태도로 살아온 열심을 인정하신 것 같습니다. 그리고 다음 말씀을 하셨습니다. 예수님께서는 그에게 이런 많은 장점에도 불구하고 한 가지 부족한 것이 있다고 하시면서, "가서 네 있는 것을 다 팔아 가난한 자들을 주라. 그리하면 하늘에서 보화가 네게 있으리라. 그리고 와서 나를 좇으라" 하고 말씀하셨습니다.

그는 재물이 많은 부자일 뿐만 아니라 마태복음 19:16-22

에 보면 젊은 청년이었습니다. 당시에 청년으로서 재물이 이렇게 많은 것은 아마도 그 부모나 조상이 대대로 부자였을 가능성이 있습니다. 또 누가복음 18:18-23에 보면 그는 관원이었습니다. 이 사람 입장에서는 젊은 청년이며 관원인데다 성실히 계명을 지켜 왔고 재물도 많은 부자이며 좋은 인격과 예의를 갖춘 사람으로서, 여기에 한 가지 더 '영생까지 얻을 수 있다면 얼마나 완벽한 행복을 누릴 수 있는 사람이 될까?' 하고 그 스스로 생각했을 것 같습니다.

그런데 예수님께서는 그에게 영생 얻는 축복뿐만 아니라, "그리고 와서 나를 좇으라" 하고 말씀하신 것을 보면, 그가 예수님의 제자가 되기를 원하신 것 같은 생각이 듭니다. 그리하여 예수님께서는 실제 그의 마음을 지배하고 있는 잘못된 마음의 주인을 바꾸게 해 주심으로, 영생을 얻을 뿐만 아니라 그리스도의 제자로까지 따르는 사람이 되도록 매우 중요한 요구를 하셨습니다. 그러나 그는 재물을 포기할 수 없었습니다. "그 사람은 재물이 많은 고로 이 말씀을 인하여 슬픈 기색을 띠고 근심하며 가니라"(마가복음 10:22). 이것이 그가 잠깐 예수님께 나타났다가 영원히 사라진 마지막 장면의 기록입니다.

예수님의 제자들 중에는 이 장면을 보고 매우 안타까워한 사람도 있었을 것입니다. "우리들 중 어느 누구도 저 사람만큼 모든 것을 잘 갖춘 사람이 없잖은가? 주님께서 좀 참으시고 천천히 다루시고 좀 기다리셨다가 다시 도와주심으로 결국 제자 중 한 사람이 되면 많은 기여를 할 수 있을 텐데…" 하며 아쉬워하는 사람도 있었을 것입니다. 그러나 예수님께서는 그를 뒤쫓아 가서서 Plan B를 제시하시지 않았습니다.

이 청년은 많은 장점이 있으면서도 그의 마음을 실제로 지배하고 있는 재물로 인하여 하늘나라에서의 더 큰 보화의 약속도, 그리스도의 제자의 영광된 사명도 다 잃어버린 사람이 되었습니다.

> 네가 어찌 허무한 것에 주목하겠느냐? 정녕히 재물
> 은 날개를 내어 하늘에 나는 독수리처럼 날아가리라.
> (잠언 23:5)

누가복음 19:1-10에서도 재물의 소유욕이 그 마음을 지배해 왔던 한 사람을 찾아볼 수 있습니다. 그는 삭개오라는 사람입니다. 그는 세리장이었고 또한 부자였습니다. 7절에 보면 뭇사람이 그를 죄인이라고 하였습니다. 당시에 세리는 죄인과 동격으로 취급되었던 것을 보면(마가복음 2:15, 마태복음 9:10-11, 마태복음 18:17, 누가복음 18:11), 그가 부자가 된 것도 세리라는 직업 때문이었던 것을 짐작할 수 있습니다. 이때까지 그는 오직 재물을 모으는 일에만 골몰하여 온, 재물에 지배된 마음으로 살아온 사람이었습니다.

세리장이 되도록 그러한 삶을 살아온 그에게 3절에 보면 특이한 점을 찾아볼 수 있습니다. "저가 예수께서 어떠한 사람인가 하여 보고자" 했다는 사실입니다. 왜 그와 같은 재물의 종이 예수님께 대해 관심을 갖고 보고 싶어 했겠습니까? 아마도 예수님의 일반적인 명성 때문만은 아니었으리라 생각됩니다. 누가복음 7:34에 예수님께서 자신에 대해 사람들이 "세리와 죄인의 친구로다"라고 한다는 항간의 소문에 대해 친히 들어 아시고 그 잘못된 것을 지적하시기 위해 그런 표현을 직접 인용하신 적이 있는데, 삭개오도 예수님께 대한 이런 평판과 소문을 듣고 세리라는 자신의 처지 때문에 예수님께 대해 호기심을 가졌던 것 같습니다.

삭개오는 지금 예수님을 만나기에는 갖추어진 개인 상황이 너무나 부정적인 것들뿐이었습니다. 게다가 그는 멀찍이 서서 많은 군중 속에 계신 예수님 모습만이라도 보려고 해도 키까지 작아서 볼 수가 없었습니다. 그런 삭개오에게 몇 가지 장점이 있었습니다. 그에게는 예수님을 보려고 '달려가는' 열정이 있었고, 군중 사이에서 볼 수 없다는 것을 알았을 때 포기하지 않고 근처의 뽕나무 위로 올라가는 번득이는 지혜가 있었습니다(4절). 그런데 이 삭개오는 세리였기 때문에 그곳 사람들 중에 그를 알아보는 눈이 많았을 것입니다. 그러므로 그가 감히 뽕나무 위로 올라가려면 체면도 지위도 개의치 않고 다 포기하지 않으면 안 되었는데, 그렇게 하려면 오직 예수님을 보고자 하는 열정과 결단력이 있어야만 가능한 것이었습니다.

예수님께서는 하나님으로서의 지식과 판단력을 가지신 분으로서 그런 준비된 삭개오를 이미 아시고(요한복음 2:25 참조), 그 수많은 군중들 사이를 지나치시고 키가 작아 나무 위에 올라간 삭개오에게 직접 가셔서 개인적으로 그에게, "삭개오야, 속히 내려오라. 내가 오늘 네 집에 유하여야 하겠다!"(누가복음 19:5)라고 말씀하셨습니다.

오늘날 만약 한 선교사가 어떤 마을에 갔을 때 수많은 군중이 모여 있으면 감사와 감격의 심정으로 제일 먼저 군중들을 상대로 큰 소리로 외치며 설교를 할 것입니다. 그러나 예수님께서는 한 사람, 그동안 재물밖에 모르다가 지금은 예수님을 간절히 보기를 열망하는, 준비된 그 한 사람에게 개인적으로 가셔서 그에게 말씀하셨습니다. 예수님 말씀에 따라 삭개오는 급히 내려와 즐거워하며 영접하였습니다(6

절). 삭개오의 마음을 지배하는 주인은 이제는 더 이상 재물이 아니었습니다. 오직 예수님께서 그 마음의 주인이 되셨습니다.

9절에 보면 그는 구원받게 되었고, 또한 육신적으로는 이미 아브라함의 자손이었으나 이제부터는 영적으로도 아브라함의 약속의 자손이 되는 축복을 얻게 되었습니다. 그 축복은 지금까지 자신이 온갖 수단을 가리지 않고 모아 왔던 그 모든 재물과 비교할 수 없을 만큼 크고 영원한 가치가 있는 것이었습니다. 또한 삭개오는 하나님을 믿지 않고 세속적인 가치에 부요한 자들에 대한 예수님의 무서운 경고(누가복음 6:24-26)로부터 해방된 축복의 사람이 되었습니다. 지금까지 삭개오는 '자기를 위하여 재물을 쌓아 두고'가 그의 삶의 모든 것이었는데, 이제부터는 '하나님께 대하여 부요한'(누가복음 12:21) 삶으로 변화된 사람이 된 것입니다.

4
세상 철학

철학과 그 이론과 주장을 그 자신의 존재 가치로 여기는 사람들도 얼마나 많이 있습니까? 사도행전에도 보면 그런 사람들이 있습니다.

어떤 에비구레오와 스도이고 철학자들도 바울과 쟁론할새, 혹은 이르되 "이 말쟁이가 무슨 말을 하고자 하느뇨?" 하고, 혹은 이르되 "이방 신들을 전하는 사람인가 보다" 하니, 이는 바울이 예수와 또 몸의 부활 전함을 인함이러라. 붙들어 가지고 아레오바고로 가며 말하기를, "우리가 너의 말하는 이 새 교가 무엇인지 알 수 있겠느냐? 네가 무슨 이상한 것을 우리 귀에 들려주니 그 무슨 뜻인지 알고자 하노라" 하니, 모든

아덴 사람과 거기서 나그네 된 외국인들이 가장 새로
되는 것을 말하고 듣는 이외에 달리는 시간을 쓰지
않음이더라. (사도행전 17:18-21)

바울이 아덴에서 전도할 그 당시에 에비구레오 학파와 스도이고 학파가 있었습니다. 그들의 모든 관심과 마음을 지배하고 있는 가치는 곧 철학이었습니다. 바울이 아덴에 있는 회당과 저자거리에서 예수님과 그분의 부활에 대해서 전도하고 있을 때에, 이 두 철학파들이 모여서 변론을 걸었습니다. 그들은 항상 가장 새로운 철학적 이론을 듣는 데에 귀를 기울이고 있는 사람들이었습니다. 그들은 오직 새로운 것이 무엇인가에 대한 호기심과 탐구심 때문에 듣기는 했지만, 사도 바울이 전하고자 하는 핵심 내용은 그들의 관심 밖에 있었습니다.

그래서 33절에 보면, 바울이 저희 가운데서 떠났다고 하였습니다. 이렇게 세상 철학이 그들 마음을 지배하고 있는 한 전도의 효과가 없다는 것을 사도 바울이 알고 있었기 때문에, 이런 이론만 즐기는 자들을 더 붙들고 이야기하지 아니하고 그들을 떠난 것입니다.

누가 철학과 헛된 속임수로 너희를 노략할까 주의하

라. 이것이 사람의 유전과 세상의 초등 학문을 좇음
이요 그리스도를 좇음이 아니니라. (골로새서 2:8)

철학은 결국 세상에 의해서 제공되고 있는 것을 우리는 알 수가 있습니다. 지적 욕구의 만족을 채워 줄 수 있을 것 같기도 하고, 인생의 모든 난제들을 해결해 줄 수 있을 것 같아서, 세상 철학에 깊이 빠져들어 가 보아도, 결국은 하나님 말씀처럼 쉽고 명쾌한 답을 얻을 수가 없습니다. 부족하고 제한된 사람의 지혜로 만들어진 것이기 때문입니다. 그래서 성경은 "누가 철학과 헛된 속임수로 너희를 노략할까 주의하라"고 하였습니다. 혹시 나는 거창한 용어들과 복잡하고 모호한 철학의 이론에 현혹되어 노략당하고 있지는 않은가 생각해 보아야 합니다. 세상 철학의 사상이 나의 삶과 나의 미래를 지배하면, 그것이 바로 내가 철학에 노략당하는 것입니다. 그러므로 우리는 늘 그리스도의 길이 아닌 철학과 헛된 속임수에 자신을 빼앗기지 않도록 주의해야 합니다. 이것이 사람의 유전과 세상의 초등 학문을 좇는 것이라고 하였는데, 여기에서 '유전'이 무엇입니까? 사람이 만들고 정하여 전해 내려온 전통 규정들과 관습 및 가치관을 나타내는 사상과 그에 따른 사고방식 등을 말합니다.

사도 바울은 거짓 교사들의 가르침의 영향인 이 초등 학문에 불과한 헬라 철학이나 유대인의 율법주의에 빠져 있는 사람들에게 아무리 변론을 해 보아야 효과가 없다는 것을 잘 알고 있었기 때문에 그들로부터 미련 없이 떠났습니다(사도행전 17:33, 18:1). 그리스도의 십자가의 도를 인정하지 않는 철학은 아무리 지적 수준이 높은 이론을 정리해 놓은 것이라 해도 그것은 하나님 앞에 잘못된 것입니다.

> 기록된바 "내가 지혜 있는 자들의 지혜를 멸하고 총명한 자들의 총명을 폐하리라" 하였으니. (고린도전서 1:19)

우리는 세상 철학이 매우 일시적인 것이라는 사실을 알 수 있습니다. 한때 유행하던 철학이 사람들의 마음을 휩쓸어 가고 있다가, 얼마 지나지 않으면 새로운 철학이 또 나와 많은 사람들이 '그것이 진리이구나' 하고 따라가다가, 또 얼마 지나지 않으면 또 다른 새로운 철학이 나오고 하는 일이 반복되고 있습니다. 왜냐하면 앞의 고린도전서 1:19 말씀처럼 그것이 세상이 제공하는 일시적인 지혜와 일시적인 총명으로 만들어진 철학이기 때문에 그렇습니다.

> 그러므로 내가 이 백성 중에 기이한 일 곧 기이하고 가장 기이한 일을 다시 행하리니, 그들 중의 지혜자

의 지혜가 없어지고 명철자의 총명이 가리워지리라. (이사야 29:14)

'기이하고 가장 기이한 일'에 대해 언급하고 있는 것이 재미있는 말씀입니다. 아주 놀랍고 특이한 일을 하나님께서 행하신다는 말씀인데, 그것은 '그들 중의 지혜자의 지혜가 없어지고 명철자의 총명이 가리워지리라'는 것입니다. 이것이 가장 기이한 것입니다. 세상 사람들이 나름대로 가장 가치 있고, 가장 고상하고 위대하고 지적이고, 사람들로부터 높은 평가를 받는 그런 생각을 찾고 연구하고 정리하여 만든 것이 철학인데, 그런 것을 폐하신다고 하시니 그것이 얼마나 기이한 일입니까?

세상 지혜자의 지혜와 명철자의 명철을 하나님께서 왜 폐하실까? 왜 가려 버리실까? 왜 없애 버리실까? 사도 바울은 그 이유를 잘 알고 있었습니다.

또한 모든 것을 해로 여김은 내 주 그리스도 예수를 아는 지식이 가장 고상함을 인함이라. 내가 그를 위하여 모든 것을 잃어버리고 배설물로 여김은 그리스도를 얻고. (빌립보서 3:8)

세상 철학 45

그리스도를 아는 지식보다 더 고상한 철학은 이 세상에 없다는 것입니다. 사도 바울은 자신이 철학을 많이 공부한 철학가였고 또 아주 열심이 있고 뛰어난 사람이었습니다. 그런데 사도 바울은 자신이 유대교 속에서 나고 자라면서 그렇게 오랫동안 배우고 열심히 추구하던 그 모든 지식과 이론들과 철학들을 다 배설물로 여겼습니다. 왜냐하면 그리스도를 아는 지식이 가장 고상함을 깨달았기 때문이었습니다.

> **이 세상 지혜는 하나님께 미련한 것이니, 기록된바 지혜 있는 자들로 하여금 자기 궤휼에 빠지게 하시는 이라 하였고. (고린도전서 3:19)**

우리도 아주 고상하고 해박한 지식과 이론을 가지고 있는 분이 철학 강의를 하면 매료될 때가 있지 않습니까? '우와! 어떻게 저분은 저렇게 유식할까! 저런 지식과 원리들을 어떻게 알았을까?' 너무나 신비로워 그 매력에 빠져들어 가게 될 수 있지만, 사도 바울은 고린도전서 3:19에서 그리스도의 십자가의 복음을 인정하지 않는 '세상 지혜는 하나님께 미련한 것'에 지나지 않는다고 하였습니다. 세상 지혜가 사람들이 보기에는 매우 지혜롭고 고상한 것 같아도 하나님께는 미련한 것에 지나지 않는다고 말씀하고 계십니다.

> 십자가의 도가 멸망하는 자들에게는 미련한 것이요 구원을 얻는 우리에게는 하나님의 능력이라. (고린도전서 1:18)

십자가의 도란 십자가를 통한 구원의 길인데, 십자가에서 예수님께서 피 흘리시고 죽으신 것, 그 흉측한 형틀, 그것이 무엇이길래 그것을 아는 지식이 가장 고상하다고 사도 바울은 믿었습니까? 멸망받는 자들에게는 십자가는 아주 미련한 것입니다. 예수님께서 하나님이시면 왜 십자가를 지십니까? 그냥 '죄야 없어져라!' 하는 권능의 말씀으로 한꺼번에 해결을 하시든지, 혹은 하나님의 능력으로 모든 죄인들을 한꺼번에 의인들로 전환시켜 주시든지 하시지, 하나님께서는 전능하신 분이시라면서 왜 그렇게 하시지 않고 예수님으로 십자가에 못 박혀 피 흘리시고 죽게까지 하셨습니까? 세상 사람들은 그래서 십자가가 미련한 것이라고 생각합니다. 그러나 구원을 얻는 우리에게는 이 십자가는 하나님의 능력이 됩니다. 그 이유가 무엇이겠습니까?

우리가 죄인으로 태어나고 죄의 종으로서(로마서 6:16-17) 그 죄라는 주인에게 복종하며 살아온 결과, 그 대가로 죄가 우리에게 지불해 주는 그 삯은, 무슨 유익이나 축복이 되는 것으로 주는 것이 아니라, '사망'이라는 삯을 주는 것이며,

이로 인해 우리는 죽고 멸망할 수밖에 없는 존재가 되었습니다(로마서 6:23, 로마서 5:12). 그런데 로마서 6:23 하반절에서 은혜와 사랑이 넘치시는 하나님께서는 죄가 주는 대가와는 완전히 다르게 우리에게 은혜의 선물로 영생을 주시길 원하시는데, 그렇게 하시려면 우리가 죄인이기 때문에 받은 죄의 삯을 갚아 주셔야 했습니다. 그런데 이 죄의 삯은 사망이기 때문에 다른 방법으로는 갚을 수 없고 사망으로 갚아야만 죄의 삯을 올바로 갚는 것입니다. 죄의 삯은 얼마 동안의 실신 상태에 머물러 있으면 갚을 수 있다든지, 극심한 육체의 고통을 겪으면 된다든지, 또는 오랜 고행이나 엄청난 양의 돈을 지불하면 갚을 수 있는 것이 아닙니다. 왜냐하면 죄의 대가는 오직 사망이기 때문입니다. 그러므로 하나님께서는 독생자 예수 그리스도를 예언의 말씀대로(이사야 53:5-6, 시편 22:14-18, 누가복음 24:44-47 등) 우리를 위해서 대신 십자가에서 죽게 하심으로 우리가 치러야 할 '사망이라는 죄의 삯'을 완전하게 갚아 주신 것입니다. 그렇기 때문에 우리가 죄 사함을 받고 구원받고 영생을 얻게 된 것입니다.

하나님의 지혜에 있어서는 이 세상이 자기 지혜로 하나님을 알지 못하는 고로 하나님께서 전도의 미련한 것으로 믿는 자들을 구원하시기를 기뻐하셨도

다. (고린도전서 1:21)

또 이 놀라운 사실을 전하는 전도가 세상 사람들에게는 미련하게 보일 수 있습니다. 전도를 하다 보면, 좋은 반응을 보이는 사람들도 있지만, 부정적인 반응을 보이며 미련한 일을 한다고 생각하는 사람들이 더 많이 있습니다. 오늘날 우리도 복음 전할 때 늘 그런 경험을 합니다. 그런데 이 전도의 미련한 것으로 하나님께서는 사람들을 구원하시기를 기뻐하신다고 하셨습니다.

왜냐하면 사람들이 스스로 지혜롭고 명철하다고 여기는 세상 철학의 관점으로 볼 때에 십자가의 도를 전하는 전도가 미련한 것이라고 생각하는 것이지, 실제에 있어서 하나님께서 보시기에는 절대로 미련한 것이 아니라, 그것이 오히려 하나님의 능력인 것입니다. 미련하다고 생각하는 세상 사람들의 표현을 그대로 인용하여 그 '전도의 미련한 것'으로 오히려 사람들을 구원하시기를 기뻐하신다고 하신 것입니다.

그래서 사람들이 구원받을 수 있는 유일한 길인 십자가의 도, 이 복음이 가장 고상한 것이기 때문에, 우리가 복음을 들고 나아갈 때에 세상의 어떤 고상하게 보이는 지식이나 철학에 대하여도 주눅 들 필요가 없습니다. 가장 고상한 것을 우리가 알고 있고 또 그것을 전할 수 있고, 또한 오직 그것으로 사람들이 죄 사함을 받고 구원받게 되고 그들을 변화시킬 수 있기 때문인 것입니다. 이 놀라운 사실을 믿고 확신 있게 나가야 합니다.

> 내가 복음을 부끄러워하지 아니하노니, 이 복음은 모든 믿는 자에게 구원을 주시는 하나님의 능력이 됨이라.⋯ (로마서 1:16)

우리가 복음을 전할 때, 시기적으로 또는 그 사회적 여건이 복음에 대해 철벽같이 완악하고 그 반응이 심히 부정적이든지 세속적 가치관과 반복음적인 철학 이론이 팽배해 있으면, 직접적으로 복음을 전하는 것이 부끄러워지고 두려워지기까지 할 때가 있습니다. 그러면 우리는 복음은 뒤에 숨겨 놓고 선교 전략상 제2, 제3의 다양한 간접적 접근 방법을 연구하여 먼 길로 둘러 가는 지혜를 짜내어 가능한 한 핍박과 무시당함과 어려움 등을 피하여 중간 매개를 통한 다른 접근 방법으로 복음을 전하려는 시도들을 합니다.

그러나 얼마 동안 이런 방법을 실천하다 보면, 많은 경우 처음 의도와는 달리 복음 중심의 선교와는 아무 관계 없는 변질된 형태의 활동을 하게 되어, 오히려 복음 전파의 사명을 잃게 되는 경우들을 보게 됩니다. 물론 그렇게 되지 않고 결국은 핵심 목표인 복음 전하는 것을 잃지 않는 사람도 많이 있습니다. 그러나 오히려 목표를 잃고 시간만 낭비하는 경우가 많은 것을 보면서, 쉬운 방법이 우리를 더 어렵게 만들 수 있다는 것도 깊이 고려해야 합니다.

우리 시대보다 복음을 부끄러워할 여건들이 더 많은 시기에 살고 있던 바울은 복음을 부끄러워하지 않는다고 하였습니다. 왜냐하면 이 복음은 모든 믿는 자에게 구원을 주시는 하나님의 능력이 됨을 믿었기 때문입니다. 그래서 바울은 자기 자신도 복음에 대해 항상 담대한 마음으로 살았을 뿐만 아니라, 그의 사랑하는 영적 아들인 디모데에게도 그의 개성이나 성품을 고려하여 개인적으로 쉽고 편안한 간접적인 방법들을 제시하기보다 "복음과 함께 고난을 받으라"(디모데후서 1:8)고 하였고, "…엄히 명하노니 너는 말씀을 전파하라. 때를 얻든지 못 얻든지 항상 힘쓰라"(디모데후서 4:1-2)고 촉구하였습니다. 바울은 디모데가 어려움을 견디기 힘들어할 수 있는 연약한 부분들(디모데전서 5:23, 디모데후서 1:4,7,8, 디모데전서 4:12)이 있는 사람인데도 불구하고 그렇게 권면하였습니다. 바울이 이렇게 할 수 있는 것은 복음에는 구원의 능력이 있으며, 복음 전하는 자에게는 하나님의 능력이 함께하시는 것과(디모데후서 1:8하, 누가복음

10:17-20, 데살로니가전서 1:5, 고린도전서 15:57-58, 고린도후서 2:14), 또 그러한 삶의 결과에 대한 엄청난 축복의 약속이 있음(디모데후서 4:7-8)을 확신하였기 때문인 것입니다.

이와 같이 우리도 사람의 지혜로 말미암은 세상 철학이 아니라 오직 생명의 복음이 우리 마음을 항상 지배하고 있도록 해야 하며, 복음에 대한 사람들의 반응이 어떠하든지 복음을 부끄러워하지 말고 오히려 자랑하는 우리가 되어야 하겠습니다.

5
권 력

권력이 자신에게 최고의 존재 가치인 사람들도 있습니다.

> 구스가 또 니므롯을 낳았으니 그는 세상에 처음 영걸이라. 그가 여호와 앞에서 특이한 사냥꾼이 되었으므로, 속담에 이르기를 "아무는 여호와 앞에 니므롯 같은 특이한 사냥꾼이로다" 하더라. 그의 나라는 시날 땅의 바벨과 에렉과 악갓과 갈레에서 시작되었으며. (창세기 10:8-10)

여기 나오는 니므롯이라는 사람의 마음을 지배하고 있는 것은 바로 권력이었습니다. 니므롯은 우리가 잘 아는 노아의 후손이었습니다. 노아의 둘째 아들 함, 함의 아들 구스, 그리고 구스의 아들이 니므롯이므로 그는 노아의 증손자입니다.

8절에 보면 "그는 세상에 처음 영걸이라"고 했는데, 그것은 세상에 태어난 사람들 중에 맨 처음으로 널리 알려지고 인정된 영걸이었다는 것입니다. 영걸은 힘과 용맹으로 싸움에 능한 자이며 더불어 권력이 있는 자라는 뜻입니다. 그는 9절에 보면 '특이한 사냥꾼'이라고도 했습니다. 힘과 기술이 뛰어나 사냥을 아주 특출하게 잘하는 사람이었습니다. 또 그의 나라가 커졌으며, 11절에서는 땅이 넓어졌다고 하였습니다. 그리고 12절에 보면 큰 성을 건축했습니다. 이런 것을 보면 그는 확실히 영걸일 수밖에 없는 인물같이 보입니다.

노아의 후손들에 대한 기록에서 창세기 10:8-12에 니므롯에 대하여 비교적 상세하고 길게 기록하고 있는 이유가 무엇일까 생각해 봅니다. 그가 하나님을 위해 어떤 신앙적으로 모범이 될 만한 삶을 산 것은 없는데도 불구하고 그에 대한 기술이 긴 이유는 오히려 잘못된 삶에 대한 경고와 교훈적 지적을 위함이라고 생각됩니다. 그에 대하여는 속담이 생길 정도의 특성이 있었는데 곧 "아무는 여호와 앞에 니므롯 같은 특이한 사냥꾼이로다"라는 말이었습니다. 이 말은 그를 칭찬하는 말이라기보다 사냥꾼으로서 하나님께 불신앙적인 포학

한 인물이라는 말로 생각됩니다. 이 구절에서 "여호와 앞에"라는 말에는 "여호와께 반대[대적]하여"라는 의미가 포함되어 있습니다. 그는 역사적으로 앗수르 등 많은 땅을 정복하여 "니므롯 땅"(미가 5:6)이라는 이름을 붙일 만큼 힘을 과시하며 살았으나 하나님을 위한 영걸로서의 힘을 사용했다는 기록은 찾을 수가 없습니다.

누가복음 9:23에서 주님께서는 "아무든지 나를 따라오려거든" 자기 힘과 권력을 과시하는 것이 아니라 "자기를 부인하고", 또 남의 것을 정복하는 것이 아니라 "날마다 제 십자가를 지고 나를 좇을 것이니라" 하고 말씀하셨습니다. 그러나 니므롯은 힘과 권력을 하나님을 위해서 사용하며 겸손히 낮은 마음으로 살지 않고 자기를 위해서 더 많은 권력을 취하는 데 능한 사람이었습니다. 그런 것을 생각하면 니므롯의 권력이란 참 허망한 것이었다는 생각이 듭니다. 하나님 보시기에 피 흘리는 정복자의 열매를 맺었을 뿐이라고 생각됩니다.

또 한 사람의 예를 찾아보겠습니다.

> 나 왕이 말하여 가로되, "이 큰 바벨론은 내가 능력
> 과 권세로 건설하여 나의 도성을 삼고 이것으로 내

위엄의 영광을 나타낸 것이 아니냐?" 하였더니. (다니엘 4:30)

바벨론왕 느부갓네살의 독백 내용입니다. 그는 실로 엄청난 왕이었습니다. 그가 자만에 빠져 스스로 도취되어서 혼잣말로 중얼중얼한 내용인데 얼마나 자기를 과시하고 있습니까? 자기가 절대 권력자라는 자만심에 도취되어 중얼중얼하고 있었는데, 이런 권력도 세상에서 잠시 누렸던 것에 불과합니다.

이 말이 오히려 나 왕의 입에 있을 때에 하늘에서 소리가 내려 가로되, "느부갓네살왕아, 네게 말하노니 나라의 위가 네게서 떠났느니라. 네가 사람에게서 쫓겨나서 들짐승과 함께 거하며 소처럼 풀을 먹을 것이요, 이와 같이 일곱 때를 지내서 지극히 높으신 자가 인간 나라를 다스리시며 자기의 뜻대로 그것을 누구에게든지 주시는 줄을 알기까지 이르리라" 하더니, 그 동시에 이 일이 나 느부갓네살에게 응하므로 내가 사람에게 쫓겨나서 소처럼 풀을 먹으며 몸이 하늘 이슬에 젖고 머리털이 독수리 털과 같았고 손톱은 새 발톱과 같았었느니라. (31-33절)

자기 권력이 영원한 것처럼 생각하고 그 영광을 한껏 자랑했지만, 그 중얼거리는 말이 그의 입에서 채 끝나기도 전에 하늘에서 소리가 내려왔는데, 그것은 "느부갓네살왕아, 네게 말하노니 나라의 위가 네게서 떠났느니라" 하신 하나님의 음성이었습니다. 그 교만한 말이 채 끝나기도 전에 자기의 권력이 끝났다고 하는 심판의 음성을 듣게 되었던 것입니다.

그 음성이 들리자마자 어떤 일이 생겼습니까? 느부갓네살왕의 영광, 위엄, 보좌, 권세가 순식간에 다 사라지고, 그의 자랑이었던 그 도성과 그곳 사람들에게서 쫓겨나고, 그 자신은 정신병이 들어서 소처럼 풀을 뜯어 먹는 사람이 되었습니다. 화려한 왕의 식탁에서 품위 있게 진수성찬을 즐기는 것이 아니라 들판을 기어 다니며 풀을 뜯어 먹는 소처럼 되어 버렸습니다. 그 위대한 왕이 졸지에 풀을 뜯어 먹고 머리털은 독수리 털처럼 되고 손톱은 새의 발톱같이 되었습니다. 그것은 권력욕으로 지배된 그 마음으로 하나님 앞에서 교만의 극단에 머물러 산 결과였습니다.

세상 권력은 매우 일시적인 것에 불과하다는 것을 바벨론 왕을 통해서 배울 수 있습니다. 오늘 당장에도 TV나 신문에 나오는 뉴스를 보면 세상 권세란 참으로 일시적일 뿐임을 알게 됩니다. 세상을 한때 뒤흔들던 권세를 가졌던 사람들이 느부갓네살처럼 상황이 급변하여 몰락한 이야기들이 세계 곳곳에서 계속 나오고 있는 것입니다.

> 저희가 어찌 그리 졸지에 황폐되었는가? 놀람으로
> 전멸하였나이다. (시편 73:19)

여기 '저희'는 하나님을 모르는 악한 권력과 부를 가진 자들을 가리키는 것입니다. 권력이 그 마음을 지배하는 사람들의 결과가 얼마나 졸지에 황폐하게 되었는지 놀람으로 전멸하였다는 것입니다. 그렇다면 우리 각자는 무엇이 우리 각자의 마음을 지배하게 해야겠습니까? 우리의 마음이 무엇으로 지배되어야 하겠습니까?

> 대저 재물은 영영히 있지 못하나니, 면류관이 어찌
> 대대에 있으랴? (잠언 27:24)

이 말씀대로 그 위세 당당했던 느부갓네살왕도 그 면류관이 대대에 있지 못했습니다. 그럼에도 불구하고 사람들은 그런 세상 권력을 얻기 위해서 얼마나 싸우고 있습니까? 그러나 하나님을 인정하지 않는 세상 권력은 일시적인 것에 불과하며 허망할 뿐입니다.

그러나 로마서 11:36에 "이는 만물이 주에게서 나오고 주로 말미암고 주에게로 돌아감이라. 영광이 그에게 세세에 있으리로다. 아멘" 하신 말씀을 인정하고 주님 중심으로 내 마음이 지배될 때, 그리스도 안에서 그 축복과 영광을 우리도 누리게 됩니다. 우리가 그리스도 중심으로 머물러 있을 때, 골로새서 2:10 말씀과 같이 주님께서는 모든 정사와 권세의 머리시기 때문에 주님으로 말미암아 우리가 그 안에서 충만하게 됨을 경험하게 되는 것입니다.

6
야 망

또 그 마음의 주재권이 야망에 있는 사람들도 있습니다.

> 너 아침의 아들 계명성이여, 어찌 그리 하늘에서 떨어졌으며, 너 열국을 엎은 자여, 어찌 그리 땅에 찍혔는고? 네가 네 마음에 이르기를, '내가 하늘에 올라 하나님의 뭇별 위에 나의 보좌를 높이리라. 내가 북극 집회의 산 위에 좌정하리라. 가장 높은 구름에 올라 지극히 높은 자와 비기리라' 하도다. (이사야 14:12-14)

계명성은 원래 샛별이라고 부르기도 하는 금성을 가리키는 말입니다. 이 별은 새벽하늘에 가장 밝게 빛나는 별이기 때문에 "아침의 아들 계명성"이라 불렸습니다. 그런데 여기 나온 '아침의 아들 계명성'이란 교만하여 타락하게 된 당시의 바벨론왕을 상징합니다. 그는 자신이 이 땅의 가장 높은 곳에 올라 높은 보좌에 앉는 정도로 만족하는 것이 아니라 하늘에 올라 하나님의 뭇별 위에 자기의 보좌를 높이겠다고 하였습니다(13절). 또 그는 감히 하나님과 비기겠다고 하는(14절) 참으로 분수를 모르는 야망을 가지고 있었습니다.

옛날이나 지금이나 사람들은 높은 탑을 쌓기를 좋아하는 것 같습니다. 창세기 11장에 보면 바벨탑을 쌓았는데, 그들은 하나님께서 보시기에 가만히 두면 안 되겠다 싶을 정도로 교만이 극에 달한 가운데 하나님을 배척하는 사악한 마음으로 똘똘 뭉쳐 뛰어난 기술과 엄청난 기세로 바벨탑을 높이 쌓아 올라갔습니다. 그런데 인간의 야망의 결정체라고 할 수 있는 그 바벨탑이 어떻게 되었는지는 우리가 잘 알고 있습니다. 하나님께서는 그 바벨탑을 직접 무너뜨리는 것보다 사람들의 언어를 혼돈케 만드셨습니다. 사람들이 더 이상 원활한 의사소통이 안 되게 만드셨습니다. 탑 건축과 연관하여 어떤 계획을 설명해도 그들의 언어가 혼잡케 되어 상대방이 이해하지 못하고 무슨 말을 하는지 서로 알아듣지 못하게 만드셨습니다. 그 결과 그들은 함께 있지 못하고 다 흩어져 그들의 야심 찬 계획도 끝나 버렸습니다. 하나님께서는 인간이 그 야망으로 말미암아 그 마음과 계획이 하나님 중심에서 떠나게 될 때 반드시 이러한 결과가 오게 만드십니다.

> 이는 세상에 있는 모든 것이 육신의 정욕과 안목의 정욕과 이생의 자랑이니, 다 아버지께로 좇아 온 것이 아니요 세상으로 좇아 온 것이라. (요한일서 2:16)

세상에 있는 모든 것이 다 결국은 육신의 정욕과 안목의 정욕과 이생의 자랑에 속하는 것입니다. 하나님을 떠난 인간의 야망으로 이루어진 어느 부분이든지, 또 그 자랑이 얼마나 찬란하든지, 이런 모든 것은 하나님께서 주시는 것이 아니라 세상으로부터 좇아 온 것이기 때문에, 그것은 절대로 영원한 것이 아니고 일시적인 것에 불과하다는 것입니다. 그렇게 자랑하던 바벨론 제국도 왕들뿐만 아니라 그 나라 자체도 사라지고 없어지게 된 것입니다.

> 여호와의 손이 이 산에 나타나시리니, 모압이 거름 물 속의 초개의 밟힘같이 자기 처소에서 밟힐 것인즉, 그가 헤엄치는 자의 헤엄치려고 손을 폄같이 그 속에서 그 손을 펼 것이나, 여호와께서 그 교만과 그 손의 교활을 누르실 것이라. (이사야 25:10-11)

여기에서 모압은 끝까지 불신앙을 고집하는 교만한 모압과 같은 불신의 무리들 곧 하나님께 원수 된 자들을 상징하는 것입니다. 그들은 교만의 죄를 회개하고 V Hand 예화에서의 육신의 정욕, 안목의 정욕, 이생의 자랑에 해당하는 세 손가락들을 꽉 접고 눌려 있게 해야 마땅했습니다. 그러나 모압 족속들이 취한 행동은 세상에서 거름통 같은 수치스러움에 빠진 상태에서 벗어나고자 헤엄을 치려고 도리어 이 세 손가락에 해당하는 것들을 펴야 되겠다고 고집하는 모습입니다. 헤엄을 치려고 하니까 손가락들을 다 펴려는 것이었는데, 여호와께서는 회개함이 없는 그 손의 교만과 그 손의 교활을 누르실 것이라고 하셨습니다. 이 말씀의 내용은 뒤의 부록에 설명된 V Hand 예화와 연관해서 생각해 보면 이해가 잘되리라 생각됩니다. 하나님께 회개하지는 않으면서 거름물에 빠진 극단의 수치스러움에서 빠져나오려고 헤엄을 치려고만 하는 그 교만을 하나님께서는 꺾으십니다.

교만은 패망의 선봉이요 거만한 마음은 넘어짐의 앞잡이니라. (잠언 16:18)

교만과 거만한 마음은 패망의 선봉이라고 하였습니다. 넘어지고 패망하고 싶으면 교만 가운데 살고 야심을 좇아 살면 됩니다. 그렇게 살면 일시적인 성공은 할 수 있을지 모르지만 결국은 하나님께서 그 손가락들을 접어 버리시는 것입니다.

**겸손한 자와 함께하여 마음을 낮추는 것이 교만한
자와 함께하여 탈취물을 나누는 것보다 나으니라.**
(잠언 16:19)

마음의 중심에서 지금까지 살펴본바, 세상 사람들의 마음을 지배하는 세속적인 그 모든 요소들을 다 물리치고, 예수님을 영접하고 예수님께 굴복하여 그 마음의 지배자가 주님이 되실 때에, 우리는 영원한 성공의 삶을 살 수 있게 되는 것입니다. 그래서 '마음을 낮추는 것이 교만한 자와 함께하여 탈취물을 나누는 것보다 나은 것입니다.' 전쟁에 참여했던 군사들이 전쟁에서 승리하여 탈취한 전리품을 나누어 가질 때 얼마나 승리의 기쁨이 넘치겠습니까? 그러나 그런 기쁨과는 비교할 수 없는 최고의 기쁨, 가장 큰 가치와 의미가 있는, 즐거움과 감사가 넘치는 승리의 삶은 바로 겸손하게 주님과 함께하며 예수님의 주재권 가운데 사는 것입니다.

지금까지 살펴본 것들 외에도 사람들의 마음을 지배하고 있는 잘못된 세속적인 요소들을 성경에서 더 많이 찾아볼 수가 있을 것입니다. 이후에 성경을 읽을 때나 공부하면서 더 찾아보고 경계로 삼을 수 있기를 바랍니다.

우리는 이런 세상의 일시적인 것들이 나의 마음을 지배하지 못하도록 하고, 오직 영원한 가치가 있는 것이 내 마음을 지배하도록 하는 지혜가 필요합니다. 이제 그 영원한 것들이 무엇인지 한번 살펴보겠습니다.

제 II 부
우리의 마음은 무엇에 지배되어야 하는가

　우리는 예수 그리스도의 십자가의 구원의 은혜를 믿고 예수님을 마음에 영접함으로 하나님의 자녀가 되었으며(요한복음 1:12), 또한 영생을 얻게 되었습니다(요한복음 5:24). 우리가 영생을 가졌기 때문에(요한복음 6:47) 동시에 이제부터 우리는 영원한 것과 관계된 사람이 된 것입니다. 그러므로 우리는 우리의 마음이 잠깐 있다 없어지는(야고보서 1:10-11, 고린도전서 7:31, 베드로전서 1:24) 세상 가치들에 매여 그것들의 지배를 받으며 허망하게 살 수는 없으며, 이제부터는 영생을 얻은 자로서 영원한 가치들이 우리의 몸과 마음을 지배하도록 해야 합니다. 그렇게 하기 위하여 영원한 존재들과 그 가치는 무엇인지 생각해 보겠습니다.

1
영원하신 주님

히브리서 1:8에 보면, "아들에 관하여는, '하나님이여, 주의 보좌가 영영하며…'"(시편 45:6 참조)라고 말씀하셨습니다. 또한 그 뒤 11절에서는 다른 모든 것은 멸망할 것이며 또 옷과 같이 낡아지게 되어 있으나, "오직 주는 영존할 것이요"(시편 102:25-27 참조)라고 하셨고, 12절에서는 모든 것이 변할 것이나 "주는 여전하여 연대가 다함이 없으리라"고 말씀하고 있습니다. 또 히브리서 13:8에서는, "예수 그리스도는 어제나 오늘이나 영원토록 동일하시니라"고 말씀하고 있습니다.

그리스도로 말미암아 영생을 얻게 된 우리로서는 풀이나 꽃이나 의복처럼 시들고 마르고 낡고 변하여 결국은 멸하여 버리는 세상의 헛된 가치들에 사로잡혀 살 것이 아니라(요한일서 2:17, 디모데후서 3:2-4), 영원토록 존재하시며 영원토록 동일하시며 영원토록 다스리시는 절대적 권세를 가지신 주님(시편 10:16, 출애굽기 15:18), 또한 영원토록 우리를 사랑하시는 주님(요한일서 4:16, 요한복음 13:1, 로마서 8:35-39)께서 나의 마음과 나의 삶의 유일하신 주인이 되시고 그분만이 나를 지배하시도록 예수님을 중심으로 살아야 마땅한 것입니다.

그래서 사도 바울은 빌립보서 1:20-21에서, "나의 간절한 기대와 소망을 따라 아무 일에든지 부끄럽지 아니하고 오직 전과 같이 이제도 온전히 담대하여, 살든지 죽든지 내 몸에서 그리스도가 존귀히 되게 하려 하나니, 이는 내게 사는 것이 그리스도니 죽는 것도 유익함이니라"라고 자신의 진정한 주인은 그리스도이심을 고백하고 있습니다. 사도 바울은 진정한 그리스도의 주재권(Lordship of Christ)을 인정하는 삶을 살았습니다. 많은 그리스도인들이 자신의 이 세상에서의 필요들을 채움받기 위해서 그리스도를 필요로 하며 살고 있으나, 사도 바울은 자기는 희생이 될지라도 자신을 통해서 오직 그리스도가 존귀히 되게 하려는 믿음으로만 살았습니다.

고린도전서 6:19에 보면, "…너희는 너희의 것이 아니라"

고 하였습니다. 왜냐하면 20절 말씀처럼 그리스도께서 십자가에서 보혈을 흘려 그 값으로 우리를 사신 것이기 때문에, 우리 몸은 우리의 것이 아니라 그리스도의 것이 된 것입니다. "그런즉 너희 몸으로 하나님께 영광을 돌리라"는 말씀에 순종해야 합니다. "너희 몸이 그리스도의 지체인 줄을 알지 못하느냐?"(고린도전서 6:15)라고 하신 것을 믿으면, 우리는 "너희 지체를 불의의 병기로 죄에게 드리지 말고, 오직 너희 자신을 죽은 자 가운데서 다시 산 자같이 하나님께 드리며, 너희 지체를 의의 병기로 하나님께 드리라"(로마서 6:13) 하신 말씀에 순종해야 당연한 것입니다. 고린도후서 5:15에서도, "저가 모든 사람을 대신하여 죽으심은, 산 자들로 하여금 다시는 저희 자신을 위하여 살지 않고, 오직 저희를 대신하여 죽었다가 다시 사신 자를 위하여 살게 하려 함이니라"고 말씀하셨습니다.

마태복음 16:13에서, 예수님께서 제자들과 여러 마을로 가시면서 가이사랴 빌립보 지방에 이르렀을 때에 제자들에게 한 가지 질문을 하셨습니다. "사람들이 인자를 누구라 하느냐?" 이에 제자들은 어떤 이는 세례 요한이라고 하기도 하고, 더러는 엘리야라고도 하고, 또 어떤 이는 예레미야나 다른 선지자 중의 하나라고 한다고 대답하였습니다(14절). 이에 15절에서 예수님께서는 제자들을 향하여 "너희는 나를 누구라 하느냐?"고 다시 물으셨습니다. 그러자 베드로가 "주는 그리스도시요 살아 계신 하나님의 아들이시니이다"(16절)라고 놀라운 대답을 하였습니다. 이것은 대답이라기보다 베드로의 신앙 고백이었습니다. 베드로의 이 고백에 대하여 예수님께서는 17-19절에서 "바요나 시몬아, 네가 복이 있도다. 이를 네게 알게 한 이는 혈육이 아니요 하늘에 계신 내 아버지시니라"고 하시며, 앞으로 베드로가 어떤 사명과 능력으로 주님을 위해 헌신적인 삶을 살 것인지 말씀해 주셨습니다. 우리도 베드로와 같은 믿음의 고백을 한다면, 그와 더불어 이제는 나의 몸으로 내 자신을 위해 살지 않고 영원하신 그리스도를 위해 영원한 가치를 지닌 삶을 살아가야 합니다.

로마서 14:8에 "우리가 살아도 주를 위하여 살고 죽어도 주를 위하여 죽나니"라고 하였는데, 그 이유는 우리는 우리의 것이 아니고 주님의 것이기 때문입니다. 누가복음 6:46에서 예수님께서, "너희는 나를 불러 주여 주여 하면서도 어찌하여 나의 말하는 것을 행치 아니하느냐?"고 말씀하셨습니다. 우리도 특별히 무엇인가 필요하여 주님께 요청하는 기도를 할 때는 "주여, 주여!"라고 큰 소리와 간절한 마음으로 외치면서도, 예수님께서 지적하신 대로 주님 말씀을 생활에 순종하는 데서는 "주여!"라는 소리가 개미 소리만 해질 때가 있습니다. 우리가 이 놀라운 영생을 얻은 사람으로서 영원한 것과 관계된 삶을 살고 영원하신 주님을 섬기려면, 누가복음 9:23 말씀과 같이 "자기를 부인하고 날마다 제 십자가를 지고" 주님을 좇아가야 합니다. 그러나 우리가 지금도 세상 가치를 좇아감으로 자기를 부인하지 못하고 자기 십자가를 회피하며 사는 한 영원한 가치를 누리는 축복은 기대할 수가 없는 것입니다.

> 그 옷과 그 다리에 이름 쓴 것이 있으니 만왕의 왕이요 만주의 주라 하였더라. (요한계시록 19:16)

> 일곱째 천사가 나팔을 불매 하늘에 큰 음성들이 나서 가로되, "세상 나라가 우리 주와 그 그리스도의 나라가 되어 그가 세세토록 왕 노릇 하시리로다" 하니. (요한계시록 11:15)

이 말씀들처럼 주님께서 만왕의 왕이시요 만주의 주이심을 진실로 믿는다면, 이렇게 크신 영원한 왕 되신 주님을 위해 로마서 12:1과 같이 내 몸을 하나님께 산제사로 헌신하는 것은 너무도 자연스럽고도 당연한 일인 것입니다. 그러나 영원하신 주님께 나 자신을 산제사로 드리는 헌신은 억압이나 강요 때문에 또는 숙명적으로 그럴 수밖에 없는 신분적 처지 때문이 아닙니다. 이렇게 사는 것은 예수님께서 우리의 주님이실 뿐만 아니라 우리와의 특별하고 친밀한 관계 때문인 것입니다.

다윗의 삶을 살펴보면, 하나님께 헌신하기보다는 오히려 하나님을 원망하거나 하나님께 대한 신뢰를 포기하기가 쉬운 고난의 삶의 연속이었습니다. 그는 사울에게 시기와 미움을 받아 여러 번 그에게 살해당할 뻔하였고 맹렬한 전장 속에 내보내져 죽음을 당할 뻔한 일도 있었고, 또 자신의 셋째 아들 압살롬(사무엘하 3:3)의 반역으로 비참하게 탈출하여 피난을 가야 하는 등의 고통스러운 경험들을 연거푸 겪었습니다.

그럼에도 불구하고 그가 지은 여러 시편들 중 3편에 보면, 아들 압살롬의 반역 때문에 피신하여 있을 때 지은 것이었는데도, 하나님을 원망하는 마음이 발견되지 않으며, 오히려 여호와께 대한 견고한 믿음과 신뢰심 및 하나님의 도우심과 구원과 승리와 기도 응답의 확신이 나타나 있습니다. 이렇게 되는 것은 다윗이 항상 여호와 하나님께서는 자기를 경외하는 자와는 반드시 친밀한 관계를 맺고 그 관계를 지켜 주신다는 확신(시편 25:14)이 있었기 때문이었습니다.

시편 63편도 다윗이 압살롬의 반역 때문에 유대 광야에 있을 때 지은 것으로 짐작되는데, 이 시편에서 그는 자신의 목숨이 경각에 처한 급급한 상황에서도 간절히 하나님을 찾은 것을 보여줍니다. 1절에서 그는 간절한 마음으로 하나님을 부르되 "내 영혼이 주를 갈망하며 내 육체가 주를 앙모하나이다"라고 하였습니다. 이것은 맑고 깨끗한 심령의 찬양으로서 하나님께 매우 친밀한 다윗의 마음을 나타내 주고 있습니다. 6절은 침상에서의 그의 마음을 표현하고 있습니다. 곤핍한 상황에서 침상에 누우면 화도 나고 슬프고 억울하여 통곡하고 싶을 것 같고, 이런 지경을 거치게 하신 하나님을 원망하고 싶을 것 같은데, 그는 침상에서도 주님을 기억하며 밤중에 주님을 묵상하는 등으로 주님과의 친밀한 관계를 나타내고 있습니다. 8절에서도 "나의 영혼이 주를 가까이 따르니…"라고 주님과의 절실한 친밀감을 고백하고 있습니다. 11절에도 "왕은 하나님을 즐거워하리니…"라고 극단의 곤경에서 오히려 하나님을 즐거워하는 믿음을 나타내고 있는데, 이는 하나님께 대한 다윗의 친밀한 관계의 믿음 때문인 것입니다.

> 네 하나님 여호와를 경외하여 그를 섬기며 그에게 친근히 하고 그 이름으로 맹세하라. (신명기 10:20)

이 말씀에서 모세는 언약의 백성이 된 이스라엘에게 이제는 하나님의 귀중한 소유가 된 백성으로서 하나님께 "친근히"하라고 명하고 있습니다. 여기서 친근히 한다는 뜻은 멀리 서서 우러러보며 숭배하는 관계가 아니라, 꽉 달라붙어 있는 절친한 관계와 믿음을 의미하는 것입니다.

오직 너희 하나님 여호와를 친근히 하기를 오늘날까지 행한 것같이 하라. (여호수아 23:8)

이 말씀에서도 여호수아는 이스라엘의 장로들과 두령들, 재판장들, 유사들을 불러다가 하나님과 친밀한 관계를 가질 것을 강조하고 있습니다. 친밀한 관계는 하나님께 단단히 붙어 다니는 삶을 의미하는 것입니다. 하나님께 충실하게 밀착된 믿음의 삶인 것입니다.

아삽은 다윗 당시에 찬양대장이었는데(역대상 16:4-5), 그가 쓴 시편 73편의 25절에서 그는 "하늘에서는 주 외에 누가 내게 있으리요? 땅에서는 주밖에 나의 사모할 자 없나이다"라고 하였고, 28절에는 "하나님께 가까이함이 내게 복이라. 내가 주 여호와를 나의 피난처로 삼아 주의 모든 행사를 전파하리이다"라고 하나님과의 절친 관계를 주장하고 있는 것을 봅니다. 이와 같이 우리도 영원하신 주님과 친밀한 관계를 갖는 것을 가장 큰 기쁨으로 여기고 순간순간 주님과

밀착된 관계로 동행하며 살아가야 합니다.

요한복음 15:15에서 예수님께서는 "이제부터는 너희를 종이라 하지 아니하리니 종은 주인의 하는 것을 알지 못함이라. 너희를 친구라 하였노니 내가 내 아버지께 들은 것을 다 너희에게 알게 하였음이니라"라고 하셨는데, 이것은 얼마나 깜짝 놀랄 만한 말씀입니까? 우리를 종이라 불러 주셔도 감사하고 황송한 말씀인데, 영원하신 주님께서 우리를 친구로 여겨 주시는 친밀함을 말씀하시니, 당연히 우리도 주님과의 관계를 그렇게 친밀한 관계로 받아들이고 감사하고 또 감사해야 마땅합니다.

또 영원하신 주님께서 영생을 얻은 우리와의 관계에 대하여 더욱 놀랄 만한 또 한 가지 사실을 말씀하고 계십니다. 그것은 우리 몸이 그리스도와 한 몸 지체라는 사실입니다. 고린도전서 6:15에서, "너희 몸이 그리스도의 지체인 줄을 알지 못하느냐?"라고 하였습니다. 또 고린도전서 12:27에서도, "너희는 그리스도의 몸이요 지체의 각 부분이라"고 하였습니다. 지금 우리 각자 자기 몸의 아무 부분이나 한번 만져 보십시오. 몸의 어느 지체이든지 무가치하다고 무시해 버릴 것이 하나도 없이 다 귀중한 존재들인 것처럼, 우리는 주님과 한 몸이기 때문에 영원하신 주님께서는 주님 자신과 영원히 일체성을 지닌 그 몸의 각 지체들을 사랑하시고 돌보시는 것입니다(에베소서 5:29-30).

에베소서 1:23에서는 그리스도의 몸 된 우리를 교회라고 부르시는데, 그 바로 앞 22절에서 그리스도께서는 몸 된 교회의 머리가 되신다고 하였습니다. 머리는 몸의 모든 느낌과 움직임을 지배합니다. 이와 같이 우리 몸의 머리 되신 주님께서는 그 같은 권세와 능력 및 지극한 사랑으로 몸 된 교회인 우리를 다스리시고 인도하시며 지켜 주시는 것입니다. 과일나무에 가지와 잎이 아무리 무성하게 자랐어도 그 열매가 주렁주렁 맺혀 있어야 충만한 것입니다. 이처럼 풍성한 열매로 충만하게 되려면 22-23절의 말씀처럼 머리와 몸이 서로 붙어 있어야 합니다. 서로가 긴밀하게 붙어 있을 때 머리 되신 그리스도께서는 몸 된 교회를 충만케 하시고 몸 된 교회는 머리 되신 그리스도의 충만을 나타내게 됨으로 만물 안에서 만물을 충만케 하시는 그리스도의 충만을 나타내는 영광된 몸이 되는 것입니다.

그래서 그리스도의 몸 된 교회는 하늘과 땅에 있는 모든 만물에게 그리스도의 충만을 나타내고 채워 주는 일을 하게 됩니다. 하나님의 은혜로 만물에게 그 크신 은혜를 충만하게 채워 주는 충만의 전달자와 화목의 전달자가 되는 것입니다

(골로새서 1:18-20 참고). 우리가 그와 같은 영광된 그리스도의 몸이 되었으므로, '그런즉 우리 몸으로 하나님께 영광을 돌리는'(고린도전서 6:20) 삶의 특권을 누려야 합니다. 죄인이었던 우리가 구원받고 영생을 얻은 것만도 부복사은하고 뒷걸음으로 물러서면서도 감사하고 또 감사할 일인데, 더욱이 우리 몸으로 영원하신 주님과 이와 같이 친밀한 관계 가운데 동행하며 섬길 수 있게 된 것은 얼마나 큰 은혜인지 그 실체를 다 표현할 길이 없습니다.

> 하나님을 가까이하라. 그리하면 너희를 가까이하시리라. (야고보서 4:8)

이 세상에서는 조금만 지체가 높아도 접근하기가 어려운데, 하나님께서는 거룩하시고 만고지존하시고 만군의 여호와의 엄위를 갖추신 분이신 것을 생각하면 그 앞에 고개를 들 수도 없는 초라한 우리들입니다. 그런데 우리로 하나님을 가까이하면 하나님께서도 가까이하신다고 약속하여 주셨으니 얼마나 큰 은혜입니까? 모세는 이러한 자비의 하나님이심을 잘 알고 믿었기 때문에, "사람이 그 친구와 이야기함같이 여호와께서는 모세와 대면하여 말씀하시며…"(출애굽기 33:11)라고 한 것과 같이 하나님과 친밀한 관계로 가까이할 수 있었던 것입니다.

시편 42:1에서 시편 기자는 "사슴이 시냇물을 찾기에 갈급함같이 내 영혼이 주를 찾기에 갈급하니이다"라고 주님을 갈망하고 사모하는 마음으로 주님과 친밀한 관계의 믿음을 가지고 있는 것을 봅니다. 우리도 긍휼하심을 받고 때를 따라 돕는 은혜를 얻기 위하여 은혜의 보좌 앞에 담대히 나아가야 합니다(히브리서 4:16). 은혜의 보좌 앞이기 때문에 어려워한다든지 망설이지 말고 담대히 나아가야 하며, 이사야 55:6 말씀에 "너희는 여호와를 만날 만한 때에 찾으라. 가까이 계실 때에 그를 부르라" 하셨으니, 영적 게으름과 태만에 사로잡혀 있지 말고 갈급한 마음으로 주님을 찾아 주님과의 친밀한 관계를 유지하며, 그로 인한 엄청난 은혜와 축복을 경험하며 살아야 하겠습니다.

2
영원한 하늘나라

주의 나라는 영원한 나라이니 주의 통치는 대대에
이르리이다. (시편 145:13)

군입대를 앞둔 사람이라면 거기에 맞는 신변 정리와 준비를 하게 됩니다. 또 다른 나라로 이민을 가는 계획을 세운 사람이라면 그 나라에서의 새로운 직업이나 거처할 집과 그 나라의 언어나 문화에 연관된 준비를 하게 되는 것입니다. 또 결혼한 신혼부부라면 신혼의 분위기에만 젖어 있지 않고 앞으로의 삶을 설계하며 새로운 가족 관계, 자녀 양육 및 중년의 시기와 노년의 시기에 어떤 필요들이 있는지까지를 곰곰이 생각하며 계획과 준비를 해 나갈 것입니다. 아무 준비도 대책도 없이 날짜만 손꼽아 기다리고 있지는 않을 것입니다.

우리가 100년도 안 되는 짧은 생을 위해서도 이렇게 인생 설계를 한다면, 영원한 하늘나라를 약속받고 거기에 산 소망을 가진 영생을 가지고 있는 사람이라면 영원한 하늘나라와 연관된 자신의 신변 정리와 영원성이 있는 설계를 철저히 준비해 나가야 하는 것입니다.

> 오직 우리의 시민권은 하늘에 있는지라 거기로서 구원하는 자 곧 주 예수 그리스도를 기다리노니. (빌립보서 3:20)

그렇습니다. 우리는 하늘나라의 시민권이 있습니다. 그러므로 우리는 베드로전서 1:3-4과 같이, 그리스도의 죽으심과 부활하심으로 말미암아 하나님께서 우리를 거듭나게 하여 주시고 산 소망이 있게 해 주셨는데, 이 산 소망은 "썩지 않고 더럽지 않고 쇠하지 아니하는 기업을 잇게 하시나니 곧 너희를 위하여 하늘에 간직하신 것이라"고 하였습니다. 우리는 이 말씀을 믿고 있기 때문에 고난과 슬픔이 많은 이 땅에서도 흔들리지 않는 믿음으로 하늘나라와 그곳에서의 기업을 소망하며 살 수 있게 되었습니다.

기업이란 유업, 상속, 분깃, 또는 후사 등의 말과 의미상 관계가 있는 말로서 구약에서는 이스라엘에게 토지 즉 땅이 주요 기업이었습니다(신명기 4:38, 시편 105:11, 여호수아 23:4-5). 여호수아 14:1-5에서 출애굽한 이스라엘이 가나안에서 취한 땅을 제비 뽑아 그 땅을 분배한 것이 이스라엘의 기업이 되었던 것처럼, 신약에서 그리스도를 믿는 우리의 기업은 하늘나라에 있으며, 믿는 성도는 그리스도의 속죄의 역사로 인해 하나님의 자녀가 됨으로(요한복음 1:12) 그리스도와 함께 기업의 상속자(로마서 8:17, 갈라디아서 4:7), 유업을 잇는 후사가 되는 것입니다. 이것은 영원한 기업을 이어받을 약속을 얻은 것입니다. 그 약속에 대한 보증으로 우리는 복음을 믿고 그리스도를 영접할 때 성령을 모시게 되었습니다(에베소서 1:13-14, 로마서 8:15-17).

또 우리는 하나님의 자녀가 되었기 때문에, 구약에서 이스라엘이 약속의 땅인 가나안을 기업으로 받은 것(신명기 4:20)과는 비교할 수 없는 더 나은 기업을 받게 되었는데(에베소서 3:6), 만유의 후사(히브리서 1:2-3) 되신 그리스도로 인하여 그리스도와 함께 그리스도 안에서 하늘나라와 그와 관계된 모든 축복들을 다 포함하는 기업의 상속자가 된 것입니다(히브리서 11:16, 베드로전서 1:3-4, 갈라디아서 3:29).

또 신명기 32:9에서는 하나님께서는 자기 백성을 기업이라 말씀하셨고, 에베소서 1:11에서는 믿는 우리 자체가 그리스도 안에서 기업이라고 말씀하고 있습니다. "측량할 수 없는 그리스도의 풍성"인 이 놀라운 사실을 깨달은 사도 바울은 너무도 당연히 복음의 일꾼으로 자신을 헌신하게 된 것을 말씀하고 있습니다(에베소서 3:6-9).

골로새서 1:3에 보면, 바울과 그의 선교팀은 골로새 성도들을 위해 기도할 때마다 하나님 아버지께 감사하였는데, 그 이유는 골로새 성도들이 믿음과 사랑에서 소문이 날 정도로 높은 수준의 삶을 살고 있을 뿐만 아니라(4절), "너희를 위하여 하늘에 쌓아 둔 소망을 인함이니"(5절)라고 한 것처럼 골로새 성도들이 하늘에 쌓아 둔 소망을 믿는 믿음도 견고하기 때문이었습니다. 그들은 히브리서 6:11 말씀과 같이 "소망의 풍성함" 가운데 살고 있었습니다.

소망을 이 땅에 쌓아 두면 허무하게 무너져 버릴 때가 많습니다. 그렇게 되면 그 소망은 부끄러운 소망이 되는 것입니다. 반면에 하늘에 쌓아 둔 소망은 안전하며 또한 영원한 것입니다. 그러므로 이 소망은 부끄럽게 아니하는 소망입니다(로마서 5:5). 이 소망은 인간의 꿈과 계획과 수고로 만들어진 막연하게 갈망하는 망상과 같은 소망이 아니라, 진리의 말씀인 복음으로 인하여 하나님께서 약속하신 소망이기 때문에, 그리스도 안에서 반드시 실현되는 참된 소망이요 산 소망인 것입니다(베드로전서 1:3). 그러므로 이 소망은 우리가 굳게 확신하는 소망이 되는 것입니다(히브리서 10:23).

이 소망은 데살로니가전서 1:3과 같이 고난과 역경에서 인내를 가능하게 해 줍니다. 또한 우리에게 소망이 있기 때문에 우리는 소망의 주체이신 그리스도 예수님의 명령에 따라 그 주신 사명에 순종하는 삶을 살게 되며(디모데전서 1:1), 또한 이 산 소망이 있기 때문에 이 세상에 사는 날 동안 주님 안에서 경건의 훈련에 수고하고 진력할 수 있게 됩니다(디모데전서 4:10). 우리의 경건한 삶은 그리스도께 둔 소망이 견고할 때 가능하며, 이렇게 수준 높게 훈련된 경건은 선한 일꾼의 매우 중요한 자질이 되는 것입니다(디모데전서 4:6-8).

우리를 부르신 것은 "자기 나라와 영광에 이르게 하시는 하나님께 합당히 행하게 하려 함이니라"(데살로니가전서 2:12)라고 하신 말씀과 같이, 영원한 하늘나라를 소망으로 둔 우리는 이 소망으로 인하여 하늘나라에 합당한 믿음의 삶을 살아야 합니다. 그래서 마태복음 6:33 말씀과 같이 하늘나라 백성으로서 하늘나라를 소망하여 항상 먼저 하나님의 나라와 그의 의를 구하는 삶을 살아야 합니다. 그렇게 하는 것이 곧 하나님께 합당히 행하는 삶인 것입니다.

우리는 짧은 이 세상의 삶을 살면서도 그것을 위해 필요한 것들이 너무도 많은 것을 경험합니다. 그리고 그 필요들을 채워 나가기 위해 엄청난 노력과 수고를 하며 살아갑니다. 또 많은 사람들이 그 세상적 필요에 목표나 소망을 두기도 하고, 그것을 위해 간절히 기도하기도 합니다. 그러나 우리 마음을 지배하고 있어야 할 진정한 소망은 하늘나라와 그 나라와 연관된 영원한 일들이어야 하는 것입니다.

누가복음 12:34에서 예수님께서 "너희 보물 있는 곳에는 너희 마음도 있으리라"고 말씀하셨습니다. 보물을 이 세상에 쌓아 두면 자연히 우리 마음이 거기에 가 있게 되고, 그것에 마음을 빼앗깁니다. 그러나 영원한 하늘나라 그곳에는 도적도 없고 좀도 먹는 일이 없는 곳인데(33절), 거기에 나의 보물을 쌓아 두면 영원히 안전할 뿐만 아니라, 또 그렇게 사는 사람에게는 이 세상의 필요들까지도 주님께서 채워 주십니다(31절). 우리가 그 진동치 못할 영원하고 견고한 하늘나라를 약속으로 받았으면 그 은혜에 머물러 살아야 합니다. 그렇게 할 때 우리는 이 세상에서 아무렇게나 살지 않고 경건함과 두려움으로 하나님을 기쁘시게 섬겨 나가는 삶을 살 수 있게 됩니다(히브리서 12:28).

우리가 이 세상에 살면서 하늘나라를 소망하며 헌신적으로 주님을 위해 자신을 희생하며 살았는데, 그 보상이 이 땅에서는 나에게 당장에 축복으로 주어지지 아니하고 오히려 고난과 어려움이 지속될 때도 있습니다. 그럴 경우에 종종 낙심될 때도 있고, 더 나아가 하나님과 주변 사람들을 원망하게 될 때도 있습니다. 그러나 우리가 받는 축복이란 반드시 이 땅에서 사는 동안에 이루어지는 것만은 아닙니다. 왜냐하면 우리의 참소망은 하늘에 쌓아 둔 소망이며 거기에서 최종적으로 보상을 받기 때문입니다(골로새서 1:5, 베드로전서 1:4, 마태복음 6:19-21, 골로새서 3:24, 로마서 8:17, 디모데후서 4:7-8).

사무엘상 18-20장에 보면, 요나단은 하나님의 마음과 뜻이 하나님께 불순종한 자기 아버지 사울에게서 떠나(사무엘상 13:8-14, 15:26,35) 다윗에게로 향하신 것(사무엘상 16:12-13, 17:45-51, 18:1)을 알았습니다. 아버지 사울의 편에 서는 것이 부자간의 도리이기도 하고 자신은 가만히 있으면 대를 이어 왕이 될 것을 알면서도, 그는 아버지 편에 서지 않음으로 크게 분노한 아버지 사울에게 모욕적인 꾸중을 듣고(사무엘상 20:30), '다윗이 있는 한 너와 네 나라가 든든히 서지 못하리라'는 경고(사무엘상 20:31)를 듣기도 하고, 33절에서는 아버지 사울이 던진 단창에 맞을 뻔하기도 했습니다. 이렇게까지 요나단이 세상에서는 자기에게 돌아올 것이 손해밖에 없는데도 불구하고 다윗에게 희생적으로 헌신한 것은 다윗과의 단순한 우정 때문이 아니었습니다. 그것은 요나단에게 다윗에 대한 하나님의 뜻을 알고 하나님께 굴복하는 믿음이 있었기 때문이었습니다.

이렇게 요나단은 아버지의 마음도 괴롭게 하고 자신이 차지할 왕좌를 포기하기까지 하면서 철저히 하나님의 뜻에 굴복하는 믿음을 가졌으나, 결국 그는 이 땅에서는 그 믿음에 대한 어떤 보상을 받지 못했습니다. 그는 블레셋과의 전투에서 비참하게 패하고 아버지 사울과 그 세 아들과 병기 든 자와 그의 모든 사람이 다 그날에 함께 죽게 되었습니다(사무엘상 31:2-6). "이게 무엇입니까? 왜 믿음의 헌신의 결과가 이래야 됩니까?"라고 질문이 생길 수가 있습니다. 그러나 요나단은 이 세상에서의 보상보다 하늘나라에서 받는 보상을 내다보았기 때문에 그렇게 자신을 헌신할 수 있었습니다. 그러므로 그의 믿음과 헌신은 결단코 헛되이 끝난 것이 아닙니다.

모세도 애굽에서 누릴 수 있는 모든 특권들을 거절하고 (히브리서 11:24-25) 40년의 긴 세월을 이스라엘 백성을 이끄는 일에 헌신하였지만, 가데스의 므리바 물가에서(신명기 32:51-52) 백성의 목전에서 여호와의 거룩함을 나타내지 아니한 잘못으로 인하여(민수기 20:12) 약속의 땅인 가나안 땅에 들어갈 특권을 잃어버리게 되었습니다(신명기 32:51-52, 34:4). 그는 그동안의 엄청난 헌신에도 불구하고 신명기 32:48-52을 보면 느보산에 올라가 약속의 땅을 바라볼 수 있는 정도의 은혜를 얻었는데, 그럼에도 불구하고 그는 죽기 전에 하나님을 원망하고 불평했다든지 완악한 백성들 때문에 자기가 그렇게 되었다 하며 그들을 향해 저주를 퍼붓고 화풀이를 할 수도 있을 텐데 그렇게 하지 않았습니다. 오히려 그는 신명기 33:1에 보면, 놀랍게도 이스라엘 자손을 축복하였습니다. 그리고 신명기 34:1-5에 보면, 모세는 약속의 땅을 산꼭대기에서 바라보기만 하는 것으로 만족하며 죽었습니다.

"어떻게 이럴 수가 있습니까?"라고 원망하며 깊은 절망에 빠져 버릴 수 있는 처지에서도 하나님의 뜻대로 조용히 순종하는 모세의 삶을 우리가 어떻게 이해할 수 있겠습니까? 그렇게 할 수 있었던 것은 먼저 평소에 하나님께 대하여 가졌던 모세의 절대 순복의 믿음 때문이라 생각됩니다.

또한 그뿐만이 아니라 모세는 약속의 땅인 가나안보다 비교할 수 없이 더 좋은 하늘나라와 그곳에서 받을 더 큰 축복과 상급을 바라보는 믿음이 있었기 때문이라 생각됩니다.

그는 히브리서 13:14에 기록한 대로, "우리가 여기는 영구한 도성이 없고 오직 장차 올 것을 찾나니"라고 한 말씀처럼 이 세상의 가나안 땅은 영원한 도성이 아니라 단지 일시적 약속의 땅이며 영원한 하늘나라의 그림자일 뿐이라는 사실을 잘 알고 있었습니다(히브리서 11:10,16, 12:28). 그래서 그림자인 가나안보다 그 그림자의 실체로서 비교할 수 없이 보배롭고 영원한 도성인 하늘나라를 바라보고 또한 그곳에서 얻을 상급을 바라보는(히브리서 11:26) 큰 믿음이 있었기 때문에 그런 놀라운 순종을 할 수 있었던 것입니다. 그러므로 우리는 혹 이 땅에서 우리의 헌신의 보상을 받지 못했다고 해서 축복을 받지 못할 사람으로 생각하며 실망하거나 낙심하지 말아야 합니다.

그러므로 너희가 그리스도와 함께 다시 살리심을 받았으면 위엣 것을 찾으라. 거기는 그리스도께서 하나님 우편에 앉아 계시느니라. 위엣 것을 생각하고 땅엣 것을 생각지 말라. 이는 너희가 죽었고 너희

생명이 그리스도와 함께 하나님 안에 감취었음이니라. 우리 생명이신 그리스도께서 나타나실 그때에 너희도 그와 함께 영광 중에 나타나리라. (골로새서 3:1-4)

3
영원한 말씀

예수 그리스도를 믿음으로 말미암아 영생을 얻게 된 우리가 그 영원한 생명과 관계된 것으로써 우리 마음을 지배하도록 순종해야 할 또 하나의 영원한 것은 곧 영원하신 하나님의 말씀입니다.

> 그러므로 모든 육체는 풀과 같고 그 모든 영광이 풀의 꽃과 같으니 풀은 마르고 꽃은 떨어지되 오직 주의 말씀은 세세토록 있도다 하였으니, 너희에게 전한 복음이 곧 이 말씀이니라. (베드로전서 1:24-25)

지금까지 사람들이 가치 있다고 생각하며 그토록 심혈을 기울여 쟁취하려는 인간의 육체와 관계된 모든 가치들이

다 풀과 같고 그 영광이 풀의 꽃과 같아서 곧 마르고 떨어지는 것들에 불과하지만, 하나님의 말씀은 영원히 세세토록 있다고 말씀하십니다. 이 구절 바로 앞의 23절에서는, 우리를 거듭나게 한 하나님의 말씀은 살아 있는 말씀이며(히브리서 4:12), 세월이 지나고 시대가 바뀌고 인간의 사고와 전통과 문화가 바뀌어도 변함없이 "항상 있는 말씀"이라고 확언하고 있습니다.

이렇게 살아 있고 변함이 없는 영원한 말씀이 영생을 가지고 있는 나 자신을 지배하시도록 우리는 말씀에 사로잡혀 살아가야 합니다. 그 말씀이 내 마음의 중심에 계시며 나를 운전하도록 맡기는 믿음이 곧 말씀 중심의 삶인 것입니다.

> 내가 그의 입술의 명령을 어기지 아니하고 일정한 음식보다 그 입의 말씀을 귀히 여겼구나. (욥기 23:12)

욥은 하나님의 말씀에 대한 사랑과 애착 및 그 권위와 중요성에 대한 믿음이 대단한 것을 알 수 있습니다. 욥은 "그 입의 말씀"을 매일 먹는 음식보다 더 귀히 여겼다고 고백하고 있습니다. 이 말씀을 읽을 때 혹 마음에 큰 찔림이 생기지 않습니까? "사람이 떡으로만 살 것이 아니요 하나님의 입으로 나오는 모든 말씀으로 살 것이라"고 하신 마태복음 4:4 말씀처럼, 신앙의 이론으로는 욥의 주장에 100% 동의하면서도 욥과 같이 매일 먹는 음식보다 말씀에 대한 왕성한 식욕이 부족할 때가 있음을 인하여 하나님께 자백해야 하지 않겠습니까? 우리는 하루 동안을 보면 세끼 식사를 하고도 입이 심심하여 이것저것 찾아서 더 먹어 보고 또 마실 것을 자주 찾는 등, 입의 즐거움을 위한 왕성한 식욕을 보이곤 합니다.

그러나 그리스도인은 이렇게 세상 음식을 찾는 것보다 말씀을 섭취하는 것을 최상의 우선순위에 두고 더 말씀을 수시로 찾고 더 열심히 먹는 삶을 살아야 영적으로 건강하고 능력 있게 살게 됩니다. 그런데 많은 경우 그렇지 못한 문제들이 우리에게 있는 것을 보며 문제의 원인들과 그 해결책을 생각해 보고자 합니다.

첫째로 생각되는 것은 불필요한 간식을 많이 먹는 것입니다. 순수한 성경 말씀보다 남보다 뒤떨어지지 않으려고 세상 상식이나 지식을 통한 다양한 이론적인 교훈들을 찾는 일을 많이 하면 할수록 말씀에 대한 식욕이 떨어집니다. 그런 것이 당장에는 더 맛있게 여겨지지만 실제로는 내 영적인 삶의 건강에 해를 끼치는 것입니다(디모데후서 4:3-4).

또 한 가지 이유는 게으름 때문입니다. 아무리 바빠도 일정한 음식은 꼭 챙겨 먹으면서도 바쁘다는 핑계로 말씀을 섭취하는 시간을 뒤로 미루든지 충분하게 내지 못하는 것은 게으름 때문입니다. "게으른 자는 마음으로 원하여도 얻지 못하나 부지런한 자의 마음은 풍족함을 얻느니라"(잠언 13:4), "손을 게으르게 놀리는 자는 가난하게 되고 손이 부지런한 자는 부하게 되느니라"(잠언 10:4)라고 하신 말씀들을 하나님의 말씀을 섭취하는 일과 연관하여 기억해야 하겠습니다.

성경 말씀을 열어 읽기 시작하는 것은 쉬운 일입니다. 그러나 쉬운 일을 지속하는 일은 어려운 것입니다. 이 세상에서 어떤 일에 성공한 사람들 중에는 매우 어려운 일을 극복해 냈기 때문에 성공한 사람도 있으나, 오히려 쉬운 일을 오랫동안 반복하여 지속한 결과로 성공한 사람들이 더 많다는 것을 기억해야겠습니다. 쉬운 일을 무시하지 말고 부지런히 계속하는 가운데 보이지 않는 평범 속에서 위대한 믿음의 사람이 되는 것입니다.

게으른 자는 말씀을 깊이 알려고 힘쓰지를 않습니다. 편하게 앉아서 설교를 듣는 것으로만 만족하고 그 이상의 다른 시도를 하기 싫어하는 그리스도인들이 많이 있습니다. 다윗은 시편 19:10에서 하나님의 말씀에 대해 "금 곧 많은 정금보다 더 사모할 것이며 꿀과 송이꿀보다 더 달도다"라고 하였습니다. 말씀에 대한 그러한 확신이 그냥 생기는 것이 아니라, 시편 1:2 말씀과 같이 말씀을 즐거워하여 주야로 말씀을 묵상하고 적용하고 실천하는 것을 게을리하지 않고 부지런히 경험했기 때문인 것입니다.

또 한 가지는 말씀을 성령님을 의지하며 순종해 보지 않기 때문입니다. 예수님께서는 요한복음 7:17에서 사람이 하나님의 뜻대로 순종하려는 마음이 있으면 하나님의 말씀을 알게 된다는 의미의 말씀을 하셨습니다. 또 요한복음 14:21에서는, 주님을 사랑하는 자는 주님의 말씀을 지켜 순종하며, 이렇게 지키는 자는 "내 아버지께 사랑을 받을 것이요 나도 그를 사랑하여 그에게 나를 나타내리라"고 하셨습니다. "나를 나타내리라"고 하신 말씀은, 예수님의 형체를 보게 된다는 의미가 아니라, 성령님을 통해서 예수님과 연관된 하나님의 말씀에 있는 내용을 깊이 이해하게 해 주신다는 의미입니다.

우리가 믿을 때 성령께서 우리 안에 내주하시게 되고(요한복음 14:16-17, 로마서 8:9,11, 고린도전서 3:16, 디모데후서 1:14, 요한일서 2:27, 요한일서 4:13), 그 성령님을 통해 그리스도 안에서 은혜로 받은 것들을 알게 해 주시는 것입니다(고린도전서 2:12). 고린도전서 2:13에서는 "신령한 일은 신령한 것으로 분별하느니라"고 하였습니다. 즉 성령님을 통하여 신령하신 예수님에 대해 또 그 말씀에 대하여 깨닫게 해 주신다는 것입니다. 육에 속한 사람들은 결코 깨닫지 못하는 것(고린도전서 2:14)을 우리 안에 계신 성령님께서 우리로 깨닫게 해 주시는 것입니다(고린도전서 2:10, 요한복음 14:26).

또 예수님께서 "나를 나타내리라"고 하신 말씀은, 가룟인 아닌 유다의 질문에 대해 답변하신 내용인 요한복음 14:23의 약속, 즉 '주님 말씀을 지키는(순종하는) 자를 사랑하실 것이며 또 저에게 오셔서 거처를 저와 함께하신다'는 것과 관계가 있는 말씀인 것을 알게 됩니다. 우리가 주님과 함께하며 친밀한 관계를 깊이 가질수록 더욱 깊이 주님을 알게 되는 것입니다. 그리고 26절에 성령께서 오시면 "모든 것을 가르치시고 내가 너희에게 말한 모든 것을 생각나게 하시리라"고 약속하셨습니다. 이렇게 성령님을 통하여 주님을 나타내 주신 결과로 우리는 주님의 말씀을 깊이 이해할 수 있게 되는 축복을 받았습니다. 그런데 이것이 지식으로만 머물러 있지 않고 말씀에 믿음을 두고 그 말씀을 순종하면 할수록 우리는 더욱더 깊이 주님을 알아 가게 되는 것입니다. 성경 말씀 중에는 믿음으로 순종해 볼 때 비로소 그 말씀을 깊이 이해하게 되는 내용들이 많이 있습니다.

또 한 가지 말씀에 대한 식욕이 부족한 이유를 시편 119:71에서 찾아볼 수 있습니다. 우리는 본능적으로 고난을 싫어하고 그것을 피하려 합니다. 그러나 시편 기자는 "고난당한 것이 내게 유익이라. 이로 인하여 내가 주의 율례를 배우게 되었나이다"라고 말씀하고 있습니다. 또 67절에도, "고난당하기 전에는 내가 그릇 행하였더니 이제는 주의 말씀을 지키나이다"라고 고백하고 있습니다. 고난을 당하지 않을 때는 세상의 부와 쾌락으로 살쪄 지방 같은 교만한 마음으로 인하여 말씀이 들어갈 틈이 없고 말씀에 대한 간절함이 없다가, 고난을 당하여서 그 교만한 마음이 부서질 때 비로소 주님의 말씀이 그 마음에 들어가게 되고 진리와 생명의 말씀을 깨닫게 되고 순종하게 되는 것입니다.

범선이나 요트로 항해할 때 폭풍이나 태풍보다 더 큰 재앙은 무풍지대를 만나는 것이라고 합니다. 고요한 무풍지대를 축복으로 여기는 사람들이 많이 있으나 무풍지대보다는 거센 바람이 오히려 배를 쉽게 목적지로 나아가게 한다는 것을 생각할 때, 우리가 당하는 고난을 오히려 감사하게 여기며 그 고난을 동력으로 삼는 믿음의 태도가 있어야겠습니다. 그렇게 될 때 우리도 시편 기자처럼 고난을 통해 주님의 율례를 배우게 되고 말씀을 지키는 삶을 살게 되는 것입니다.

나에게 지금 해당되는 문제가 무엇이든지 신속하게 돌이키고, 왕성한 식욕으로 말씀을 섭취해야 하겠습니다.

> 모든 성경은 하나님의 감동으로 된 것으로 교훈과 책망과 바르게 함과 의로 교육하기에 유익하니, 이는 하나님의 사람으로 온전케 하며 모든 선한 일을 행하기에 온전케 하려 함이니라. (디모데후서 3:16-17)

이 말씀처럼 그리스도인 자신의 문제와 그가 하나님을 위해 섬기는 일이 모두 온전하게 되고자 할 때 필요한 모든 해결책이 말씀에 있기 때문에, 다른 방법들을 찾으려 애쓰지 말고 말씀 중심으로 돌아와야 합니다. 우리 각자 신앙의 연수가 어떻게 되든지 언제나 하나님 앞에서 겸손하게 자신을 갓난아이처럼 여기는 마음으로 순전하고 신령한 젖을 사모해야 영적으로 건강하게 성장하게 되는 것입니다(베드로전서 2:2).

또 누가복음 6:47-48에, 주님의 말씀을 듣고 행하는 자는 "집을 짓되 깊이 파고 주초를 반석 위에 놓은 사람과 같으니

큰물이 나서 탁류가 그 집에 부딪히되 잘 지은 연고로 능히 요동케 못하였거니와"라고 하셨습니다. 이 말씀에서 예수님께서는 하나님의 말씀을 듣고 그 말씀을 따라 사는 것이 실패하지 않는 삶의 비결임을 가르쳐 주십니다. 이렇게 하는 것은 기초를 단단한 반석 위에 놓고 집을 짓는 사람과 같다고 하셨습니다.

>천지는 없어지겠으나 내 말은 없어지지 아니하리라.
>(마태복음 24:35)

>여호와여, 주의 말씀이 영원히 하늘에 굳게 섰사오며. (시편 119:89)

이 말씀들과 같이 영원히 없어지지 아니하는 주님 말씀이 내 삶 전체를 지배하시도록 맡기고, 말씀을 따라 하나님을 경외하고 말씀의 명령을 지키며 사는 것이 영생을 얻은 그리스도인의 본분인 것입니다(전도서 12:13). 이렇게 하는 것이 곧 하나님을 기쁘시게 하는 길이며(시편 147:11), 또한 말씀을 지키는 자가 좋은 지각이 있는 사람이 되므로 그 깨달음과 분별력으로 인하여 늘 승리와 찬송이 넘치는 삶을 살게 되는 것입니다(시편 111:10).

4
많은 사람을 옳은 데로 돌아오게 하는 삶

영생을 누리는 특별한 은혜와 축복을 얻은 그리스도인들이 그 마음을 지배하도록 순종해야 할, 영원에 속한 또 한 가지 일은 많은 사람을 옳은 데로 돌아오게 하는 삶을 사는 것입니다.

> 많은 사람을 옳은 데로 돌아오게 한 자는 별과 같이 영원토록 비취리라. (다니엘 12:3)

바벨론왕이 계명성처럼 "하늘에 올라 하나님의 뭇별 위에 나의 보좌를 높이리라"(이사야 14:13)고 스스로 장담했지만 그렇게 되지 못했습니다. 그의 권세는 한때는 엄청나게 보였지만 일시적으로 끝나고 말았습니다. 그러나 다니엘 12:3 말씀은 많은 사람을 옳은 데로 인도한 사람은 별과 같이 영원토록 비취리라고 말씀하고 있습니다. 영적 열매가 넘치는 사람은 바로 영원히 빛나는 영광의 상급을 얻게 된다는 것입니다.

많은 그리스도인들도 이 세상에 사는 동안 여러 종류의 업적을 남겨 놓기를 원하고, 그 일들로 이미 이 세상에서도 영광을 받는 사람들이 많이 있습니다. 그러나 '영원토록 빛나는 영광'을 얻는 길은, 이 세상에서 사람들이 볼 수 있고 만질 수 있고 느낄 수 있는 가시적인 어떤 업적이 아니라, 전도를 통하여 많은 사람들을 옳은 데로 돌아오게 하는 일 즉 하나님께로 돌아오게 하는 일을 하는 것입니다.

> 우리의 소망이나 기쁨이나 자랑의 면류관이 무엇이냐? 그의 강림하실 때 우리 주 예수 앞에 너희가 아니냐? 너희는 우리의 영광이요 기쁨이니라. (데살로니가전서 2:19-20)

이 말씀에서 우리가 확신할 수 있는 것은, 주님께서 재림하실 때 우리가 복음으로 인도하여 우리 주 예수님 앞에 설 수 있게 된 사람들이 곧 우리의 기쁨이요 영광의 면류관이 된다는 것입니다. 20절과 같이 우리의 전도의 열매가 곧 진정한 우리의 영광이요 기쁨인 것입니다. 바울은 빌립보서 4:1에서도, 자신의 영적 열매인 빌립보 교인들에 대하여 "나의 기쁨이요 면류관인 사랑하는 자들"이라고 하였습니다.

디도서 1:2 말씀에 보면, 우리가 영원히 누릴 소망인 이 영생은 거짓이 없으신 하나님께서 영원한 때 전부터 약속하신 것인데, 3절에는 이 영생을 하나님의 정하신 때에 다른 어떤 것으로 나타내신 것이 아니라 곧 자기의 말씀을 전도로 나타내셨다고 하셨습니다. 그리고 같은 3절에 이 전도는 바울의 개인적 창의력이나 계획 또는 의지와 노력으로 시작된 것이 아니라, 하나님의 때에 전적으로 하나님으로 말미암아 하나님께서 위임한 사명이므로, 바울뿐만 아니라 디도에게도(4절), 그리고 또한 우리들에게도 절대로 동요될 수 없는 사명이며, 어떤 조롱과 비방과 역경이 와도 두려움과 흔들림 없이 끝까지 해 나가야 할 사명인 것입니다.

의인의 열매는 생명나무라. 지혜로운 자는 사람을 얻느니라. (잠언 11:30)

의인의 열매는 다른 것이 아니고 생명나무이기 때문에 생명을 열매로 맺어야 하는 것입니다. 사과나무에는 사과가 열리고, 배나무에는 배가 열리고, 감나무에는 감이 열매로 열립니다. 그와 같이 생명나무인 우리는 당연히 생명을 열매로 맺어야 한다는 말씀입니다. 생명을 열매로 맺는 생명나무이기 때문에 우리는 생명의 복음을 전함을 통해 영원한 생명을 가진 사람을 열매로 맺어야 합니다. 그래서 복음 전함을 통해서 예수님을 믿고 거듭난 사람을 얻는 사람이 곧 지혜로운 사람인 것입니다.

앞에서 이야기했지만 하나님 앞에서 인간의 힘을 과시한 바벨탑은 지금 흔적도 없이 사라지고 말았습니다. 그 바벨탑뿐만 아니라 세속적인 목적으로 세운 다른 것들도 다 사라지고 말았습니다. 그런데 사도행전에서 그렇게 핍박을 받고 감옥에 가고 얻어맞고 욕먹고 무시당하곤 했던 그 사도들이 전한 복음의 열매는, 바벨탑처럼 일시적으로 찬란하게 높이 우러러보이다가 사라진 것이 아니라, 오늘날 우리가 살고 있는 현재까지도 지속되고 있는 것입니다. 우리의 영적 후손도 언젠가 먼 미래에 이런 말을 할 것입니다.

> … 하나님의 뜻을 행하는 이는 영원히 거하느니라.
> (요한일서 2:17)

그렇습니다. 인간이 아무리 찬란한 문화를 만들어도, 그것이 하나님의 뜻과 반대되는 것이면 보잘것없이 끝나 버리고 또는 흔적도 없이 사라지고 말지만, 하나님의 뜻을 행하는 이는 영원히 거한다고 하였습니다. 그러므로 우리가 생명나무로서 열매를 풍성히 맺을 때, 그것이 또한 대를 이어서 미래에도 영원히 지속될 것입니다. 주님께서 오실 때까지 우리가 이러한 영원한 영적 열매를 맺고 사는 삶이 가장 복되고 영원한 가치가 있는 삶이라는 확신을 가지고, 이에 대한 일편단심의 관심으로 나의 온 마음이 지배되는 삶이 되도록 자신을 지켜 나가야 하겠습니다.

그렇기 때문에 바울은 자기 자신뿐만 아니라 자기의 영적 아들인 디모데에게 "너는 말씀을 전파하라. 때를 얻든지 못 얻든지 항상 힘쓰라.…"(디모데후서 4:2)고 하였고, 또 5절에서는 "그러나 너는 모든 일에 근신하여 고난을 받으며 전도인의 일을 하며 네 직무를 다하라"고 하였습니다.

전도하는 삶은 고난이 따릅니다. 또 갈수록 복음에 반대하는 부정적인 반응이 커지고 있습니다. 이럴 때 그리스도인들 중에는 쉽게 살기를 원하고 복음 전하는 일이 부끄러워지고 또 전도하지 못하는 자신에 대한 변명, 방어 또는 정당화하려는 마음으로 복음이 아닌 다른 이론들을 만들어 가기도 합니다. 그러나 예수님의 마음은 어떠하신가를 누가복음 15:4-7

에서 잠시 묵상해 보겠습니다.

어떤 사람이 양 백 마리가 있는데 그중에 하나를 잃으면 아흔아홉 마리를 들에 두고 그 잃은 것을 찾도록 찾아다니지 아니하느냐고 하셨고, 또 찾은즉 즐거이 어깨에 메고 집에 와서 그 벗과 이웃을 불러 모으고 잃은 양 찾은 기쁨을 함께 즐기는 잔치를 베푸는 것을 말씀하시며, 7절에 "내가 너희에게 이르노니 이와 같이 죄인 하나가 회개하면 하늘에서는 회개할 것 없는 의인 아흔아홉을 인하여 기뻐하는 것보다 더하리라"고 하셨습니다. 이것이 우리 주님의 마음입니다. 그러므로 복음 전하는 일이 빠진 또는 복음과는 아무 연관성이 없는 양 아흔아홉을 위한 다른 어떤 거창한 기독교의 모임과 행사들보다 잃은 양 하나를 구하기 위해 복음 전하는 일을 더 기뻐하시는 것이 주님의 마음인 것입니다. 우리 주님께서는 진실로 선한 목자이시기 때문에 잃은 양을 찾는 일에 우선순위를 두시는 것입니다.

"그러므로 믿음은 들음에서 나며, 들음은 그리스도의 말씀으로 말미암았느니라"(로마서 10:17)고 하였습니다. 그러므로 우리는 듣고 믿도록 하기 위해 충성스럽고도 담대하게 복음의 말씀을 전해야 합니다. 로마서 10:15에는 "아름답도다, 좋은 소식을 전하는 자들의 발이여"라고 하였으니, 우리의 발이 가장 아름다운 발이 되게 하려면 곧 복음 전하러 다니는 발이 되어야 하겠습니다.

마가복음 2:17에, "내가 의인을 부르러 온 것이 아니요 죄인을 부르러 왔노라"고 하신 주님의 관심처럼, 우리의 관심도 늘 복음을 모르는 사람들을 향하고 있어야, 우리가 "많은 사람을 옳은 데로 돌아오게" 하는 사람이 되고, 또 별과 같이 영원토록 비치는, 영광되고 복된 사람이 될 수 있는 것입니다.

어린 시절에 마루에 걸터앉아 끝없이 내리는 비를 바라보는 것을 즐거워했던 기억이 있습니다. 어떤 때는 두 손바닥으로 귀를 막았다가 떼었다 하며 빗소리의 변화를 즐기기도 하고, 작은 텃밭의 몇 가지 다른 채소들의 잎에 떨어지는 다양한 빗방울의 변화를 바라보며 시간 가는 줄 모르고 여러 가지 생각들에 잠겨 있었습니다.

이 글을 쓰고 있는 동안 창문을 두드리며 비가 내리는 소리가 나서 반가운 마음으로 창문을 열고 내다보았습니다. 마당 너머 길 건너 저쪽 인도에 예닐곱 명 되는 한 무리의 사람들이 한 손에는 우산을 들고 다른 한 손에는 모두 커피 한 컵씩을 들고 걸어가고 있었습니다. 우리 동네에는 요 몇 년 사이에 몇 집 건너 한 집씩 작은 커피 가게가 생겼습니다. 커피 바람이 대단함을 느끼게 됩니다. 캠퍼스에서도 학생들이 한 손에는 커피를 들고 다니는 모습을 흔하게 볼 수 있습니다. 사람들은 남이 하면 따라 하는 습성이 있어서인지 바람과 유행을 타는 것 같습니다.

내가 어렸을 때는 동네 청년들이 허리춤이나 앞쪽 허리띠에 수건을 접어 길게 차고 걸어 다니는 것이 유행일 때도 있었습니다. 모든 기억들을 순서대로 정확하게 기억하지는 못하지만, 먼저 한 때는 대학생이나 젊은이들이 타임지나 뉴스위크지를 겨드랑이에 끼고 다니는 때가 있었습니다. 트랜지스터라디오가 나왔을 때는 그걸 들거나 메고 다녔고, 미군 부대 근처를 지나다 보면 흑인 병사들이 대형 라디오를 어깨에 메고 음악에 따라 리드미컬하게 몸을 흔들며 걸어 다니는 모습도 흔히 볼 수 있던 광경이었습니다. 그 후에는 카세트테이프를 사용하는 녹음기를 차고 다니고, 그러다가 삐삐라고 불리던 무선호출기를 차고 다니던 때는 그리 먼 옛날이 아니었습니다. 지금은 서울에서 전철을 타면 승객들은 거의 모두가 스마트폰을 보고 두드리고 있는 상황이며, 길을 걸으면서도 스마트폰을 보다가 사고가 나는 경우도 많아졌습니다. 그러다 언젠가는 지금의 이런 모습도 옛 모습이 될 때가 올 것입니다.

복장도 prefade된 옷이 유행하고 있는데 처음에는 색깔이 바랜 옷으로 시작하다가 다음에는 너덜너덜 찢어지고 떨어진 옷을 입고 다닙니다. 그러다 언젠가 바지는 왼쪽이 잘려지고 윗옷은 오른쪽 팔소매가 없는 옷 스타일이 유행할지도 모릅니다. 손톱의 색깔, 머리 염색의 색깔 등등 유행의 변화는 끝이 없는 것 같습니다.

그런데 사도행전 19장에서는 바울이 에베소에 있을 때, 그가 전한 복음으로 인해 은장색 데메드리오가 자기 영업에 손해를 입을 것 같아 소동을 일으켰고, 그 소동이 일자 수많은 사람들이 연극장에 벌떼같이 모여들었는데, 모인 무리의 태반이 어찌하여 모였는지를 알지 못하였다고 했습니다(사도행전 19:32). 그때도 남이 하니까 따라서 했을 뿐 왜 모였는지를 모르듯이, 지금도 세상의 많은 사람들은 새로운 바람과 유행에 대해 따라 하고 있습니다. 그냥 분위기에서 소외되지 않으려고 남이 하면 따라서 하는 경향은 그때나 지금이나 마찬가지로 똑같은 것 같습니다. 기독교 안에서도 이렇게 여러 종류의 선교와 연관된 바람들이 불어왔었습니다. 그리고 앞으로도 또 새로운 바람이 불면 많은 사람들이 그 바람을 또 따라서 갈 것 같은 생각이 듭니다.

사도행전 19장을 읽을 때 겉으로 느껴지는 분위기는 마술과 악귀의 싸움, 기적과 신비한 사건들과 살벌한 소요의 분위기가 우리의 생각을 압도합니다. 그러나 전체 분위기의 바람을 피하고 조심해서 살펴보면 사도 바울이 '사람을 옳은 데로 인도하는' 영원한 가치와 연관된 핵심적인 사역인 제자삼는 사역을 하고 있는 것을 이 사도행전 19장의 한 모퉁이에서 발견하게 됩니다.

8절에 보면, 바울은 먼저 석 달 동안 다양한 사람을 대상으로 말씀을 강론한 것을 알 수 있습니다. 그러나 9-10절에 보면, 그들 중 반응이 부정적인 사람들이 있어 바울은 그들을 떠나 잘 배우는 태도를 가진(teachable) 사람들만 따로 세워 두란노 서원에서 집중적으로 2년 동안 매일 말씀을 강론하였습니다. 앞의 경우는 석 달 동안이었고 뒤의 경우는 2년 동안이었습니다. 바울이 무엇에 더 역점을 두었는지를 알 수 있습니다. 영적으로 배가할 수 있는 제자를 키우고 훈련하는 사역(디모데후서 2:2)이 더 "많은 사람을 옳은 데로 돌아오게(다니엘 12:3)" 하는 사역이 됨을 바울은 잘 알고 실천한 것이었습니다.

그러므로 우리 주변에서 어떤 새로운 바람이나 어지러운 분위기가 우리를 흔들어 놓아도, 바울처럼 우리도 우리의 변치 말아야 할 사역에 대한 확신을 가지고 있어야 합니다. 그것은 말씀 중심의 사역(사도행전 20:32)이어야 하며, 또한 올바른 사람들을 선택하여 각 사람을 제자로 훈련하는 일(사도행전 20:31)인 것입니다. 우리는 이 두 가지를 우리의 주류적 사역으로 항상 유지하고 있어야 합니다. 내일도 새로운 바람은 또 불어올 것입니다. 그래도 우리의 제자 훈련을 통한 영적 배가의 사역이 흔들림 없이 유지될 때, 우리 모두에게 '많은 사람을 옳은 데로 돌아오게 하는 삶'이 이루어질 것입니다.

부 록

V Hand 예화

V Hand (승리의 삶)

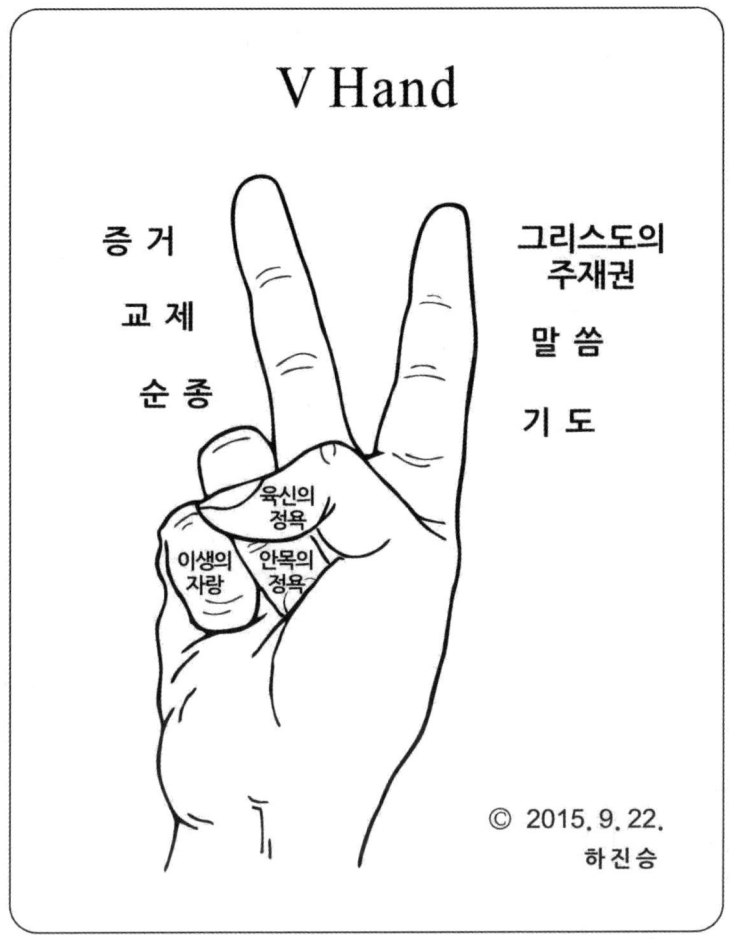

하루 동안 우리 삶이 가치 있고 의미 있는 일들로 이어지면 그 하루는 승리한 하루다. 일주일을 또는 한 달을 가치 있고

의미 있게 보내면 일주일과 한 달을 승리한 것이다. 이렇게 하루, 일주일, 한 달, 한 해 한 해를 지속적으로 의미 있게 살아가게 되면 우리의 일생이 승리하는 삶이 된다.

이를 위해 여러 가지 방법들과 이론들, 또 훌륭한 아이디어들이 떠오른다. 그러나 많은 경우 복잡한 것은 실제적으로 도움이 되지 못하는 것을 경험한다. 진정으로 도움이 되려면 기억하기 쉽고 적용과 실천이 가능하며, 또한 다른 이에게 전달 가능한 것이어야 한다. 그러므로 진정으로 유익한 원리가 되려면 일단 단순성이 있어야 한다. 그 단순한 원리가 무엇일까?

다윗이 골리앗을 이긴 승리의 비결은 사울의 군복과 검과 갑옷과 놋 투구가 아니었다. 오히려 그런 것들은 다윗에게는 익숙지 못했고 무겁고 거추장스러워서 그는 그것들을 벗어 버리고, 대신 그의 목자로서의 일상에 익숙했던 매끄러운 돌 다섯 개와 물매를 가지고 만군의 여호와의 이름으로 나아가서 골리앗을 물리쳤다(사무엘상 17:38-51). 우리에게도 익숙한 영적인 일상이 있다. 그것으로 나아가야 승리한다고 믿는다.

가족이나 가까운 친구 중에 군에 입대하기 위해, 또는 직장에 첫 출근하기 위해, 시험을 보러 가기 위해, 또는 어떤 경기를 하려고 집을 나서는 사람이 있을 때, 우리는 부모나 형제 자매로서 또는 친구로서 그에게 꼭 잘 견디고 승리하라는 표시로 팔을 번쩍 들어 손가락 두 개를 쫙 벌려 V자 표시를 힘차게 내밀며 그를 격려해 준다.

승리의 V자 표시를 하는 우리의 두 손가락에 여섯 마디가 있다. 각 마디는 그리스도인으로서 승리하는 삶을 사는 데 도움이 되는 성경의 진리들을 나타낸다.

V자의 첫째 손가락(검지)

첫째 마디: 그리스도의 주재권(Lordship of Christ) - 마태복음 6:33, 누가복음 9:23, 갈라디아서 2:20

(검지의 첫째 마디를 그리스도의 주재권을 나타내는 것으로 한 그 이유는 이 첫 마디가 우리가 보통 목표를 가리키거나 방향을 지시하는 데 사용하기 때문임.)

다윗은 블레셋 및 골리앗과 맞서 싸우려고 나갈 때 말했다. "…전쟁은 여호와께 속한 것인즉 그가 너희를 우리 손에 붙이시리라"(사무엘상 17:47). 이 믿음은 바로 하나님의 주재권을 인정하는 데서 나온다. 그것은 하나님께서 우리를 위해 싸우실 것과 하나님께서 이 싸움의 책임자이시며 주관자이신 것을 믿는 것이다. 여호수아도 "이스라엘의 하나님 여호와께서 이스라엘을 위하여 싸우신 고로 여호수아가 이 모든 왕과 그 땅을 단번에 취하니라"(여호수아 10:42)라고 하신 말씀에서 보여 주는 것처럼 하나님의 주재권에 대한 믿음을 가지고 승리하였다. 우리는 삶의 크고 작은 많은 싸움들에서 우리 자신의 지혜와 힘을 의지해서는 승리할 수 없다. 오직 하나님께서 싸움의 주관자이심을 인정하는 가운데 하나님의 지혜와 능력을 의지하며 싸울 때에만 승리는 우리 것이다.

둘째 마디: 말씀(The Word) - 히브리서 4:12, 사도행전 20:32, 디모데후서 3:16, 여호수아 1:8, 시편 119:9,11

마태복음 4:4에서 예수님께서 대답하셨다. "기록되었으되 사람이 떡으로만 살 것이 아니요 하나님의 입으로 나오는 모든 말씀으로 살 것이라 하였느니라." 예수님께서는 말씀의 능력으로 마귀의 시험을 물리치셨다. 예수님의 본을 따라 우리도 하나님의 말씀을 마음에 새기고 순종함으로 그 말씀의 능력을 경험함으로써 승리할 수 있다.

셋째 마디: 기도(Prayer) - 요한복음 15:7, 빌립보서 4:6-7, 요한복음 16:24

우리는 여호수아가 아말렉과의 싸움에서 승리한 내용을 통해 기도의 능력을 보게 된다. 여호수아가 아말렉과 싸울 때, 모세가 기도의 손을 높이 들고 있는 동안에 그가 승리할 수 있었다(출애굽기 17:8-13).

V자의 둘째 손가락(중지)

첫째 마디: 증거(Witnessing) - 마태복음 4:19, 로마서 1:16, 베드로전서 3:15

(첫째 마디를 증거를 나타내는 것으로 한 이유는 우리가 손을 뻗어 외부와 접촉할 때 이 중지의 첫 마디가 제일 먼저 닿는 부분이기 때문이다. 증거는 우리가 다른 사람들에게 나아가 복음으로 그들의 마음에 닿게 하는 것이다.)

누가복음 10장에서 예수님께서 70인의 제자들을 보내셔서 전도하게 하셨는데, 그들이 돌아와서 매우 기뻐하며 말했다. "주여, 주의 이름으로 귀신들도 우리에게 항복하더이다"

(누가복음 10:17). 이에 예수님께서는 "사단이 하늘로서 번개같이 떨어지는 것을 내가 보았노라"(18절)고 말씀하셨다. 70인의 제자들이 나가서 복음을 증거할 때 사탄이 추락한 것이다. 우리의 증거는 하나님의 사랑과 은혜를 소개하는 활동 그 이상이다. 그것은 바로 사탄과의 싸움인 것이다. 우리가 다른 사람들에게 주님에 대하여 증거하여 그들을 주님께로 인도할 때 우리는 사탄과의 싸움에서 승리한 것이다.

둘째 마디: 교제(Fellowship) - 마태복음 18:20, 히브리서 10:24-25, 요한일서 4:11, 요한일서 1:7

"거기 형제들이 우리 소식을 듣고 압비오 저자와 삼관까지 맞으러 오니 바울이 저희를 보고 하나님께 사례하고 담대한 마음을 얻으니라"(사도행전 28:15). 사도 바울처럼 위대한 영적 지도자도 형제들과 만나는 교제를 통하여 격려와 힘을 얻었다. 교제는 우리의 승리의 삶에 필수불가결한 요소이다.

셋째 마디: 순종(Obedience) - 로마서 12:1, 요한복음 14:21

"그러므로 형제들아, 내가 하나님의 모든 자비하심으로 너희를 권하노니 너희 몸을 하나님이 기뻐하시는 거룩한 산 제사로 드리라. 이는 너희의 드릴 영적 예배니라"(로마서

12:1). 이 말씀의 요지는 우리 몸을 산제사로 드리는 것이다. 헌신은 순종의 출발이다. 순종은 내적으로 마음속에서 시작하여 외적으로 행동으로 나타난다. 요한복음 14:21은 순종이란 단순하게 하나님의 말씀대로 사는 것임을 보여 준다. 사무엘상 15:23에서 사울은 하나님의 말씀을 저버렸을 때 왕으로서 버림을 받게 되었다.

나머지 세 개의 손가락(V자 표시 밑에 오므림) - 요한일서 2:15-16

엄지: 육신의 정욕(The lust of the flesh)

무명지(약지): 안목의 정욕(The lust of the eyes)

계지(새끼손가락): 이생의 자랑(The pride of life)

세상의 목소리는 우리로 하여금 이 세 손가락을 활짝 펴라고 속삭이지만, 우리는 죄악으로 기울기 쉬운 이 세 가지를 V자 밑에 꽉 접어서 매일의 생활에서 활동하지 못하게 해야 한다. 이 세 손가락이 느슨하게 펴지게 되면 V표시는 사라지고 빈손이 되어 아무것도 얻지 못하게 됨을 명심해야 한다.

또 엄지를 펴면 무명지와 계지를 접고 있어도 권총이 되어 남을 공격하는 도구가 된다.

우리가 어떻게 이 육신의 손가락들을 억제해야 하는지에 대해 하나님의 약속은 매우 분명하다. "사람이 감당할 시험 밖에는 너희에게 당한 것이 없나니, 오직 하나님은 미쁘사 너희가 감당치 못할 시험 당함을 허락지 아니하시고, 시험당할 즈음에 또한 피할 길을 내사 너희로 능히 감당하게 하시느니라"(고린도전서 10:13).

우리가 두 V 손가락을 최대로 펴고 동시에 육신의 정욕과 안목의 정욕과 이생의 자랑을 상징하는 세 손가락을 꽉 접을 때, 우리는 확실한 승리의 삶을 산다. 이렇게 사는 것은 단순하게 보이며 외적으로 볼 때 그렇게 능력 있는 것처럼 보이지 않을 수도 있다. 그러나 우리로 승리의 삶을 살게 하는 것은, 사울의 갑옷처럼 그럴듯하게 보이는 복잡한 이론들이 아니라, 다윗의 물매와 조약돌처럼 익숙하게 실천 가능하고 검증된 성서적 원리들이다.

우리의 마음은 무엇에 지배되어야 하는가

2017년 12월 15일 초판 1쇄 발행
2023년 7월 5일 초판 2쇄 발행

펴낸곳: 네비게이토 출판사 ⓒ
주소: 03784 서울시 서대문구 연희로 16 (창천동)
전화: 334-3305(대표), 334-3037(주문), FAX: 334-3119
홈페이지: http://navpress.co.kr
출판등록: 제10-111호(1973년 3월 12일)
ISBN 978-89-375-0544-7 03230

본 출판사의 서면 허락 없이는 본서의 전부
또는 일부의 무단 복제 및 무단 번역을 금합니다.